Die besten
KRÄUTER
für Beete und Töpfe

Die besten
KRÄUTER
Ute Bauer
für Beete und Töpfe

Die wichtigsten Arten
Die schönsten Sorten
Die stärksten Aromen

blv

Inhalt

Einführung

▶ Kräuter sind ein Genuss für Auge und Gaumen und für den »Küchengarten« alleine viel zu attraktiv.

Kräuter – Schönheit, Duft, Würze und Medizin

Woran denken Sie zuerst, wenn Sie Kräuter hören? An die intensiven Düfte, die den Blättern entströmen, wenn man sie leicht streichelt? An die pikanten und raffinierten Aromen, mit denen sie Speisen verfeinern? An Heiltees, die sanft allerlei Alltagsbeschwerden vertreiben? Oder an dekorative Blätter und bunte Blüten, die den Garten verschönern? Wie auch immer, Kräuter verkörpern all diese herrlichen Eigenschaften in einem. Vermutlich ist diese Vielseitigkeit der Grund, weshalb die uralten, traditionsreichen Gartenpflanzen nie aus der Mode kommen und sich ungebrochen größter Beliebtheit erfreuen. Sie gehören einfach zu den sinnlichsten Erlebnissen, die die Pflanzenwelt zu bieten hat.

Standen in früheren Jahrhunderten eher die Heilkräfte im Mittelpunkt des Interesses, gerieten mit der Zeit mehr und mehr auch die optischen Reize der Multitalente in den Fokus. Kräuter haben schließlich mehr zu bieten als frisches Grün. Allein das Salbeisortiment trumpft mit einer ganzen Palette buntlaubiger, panaschierter Sorten auf, die Staudenbeete dekorativ beleben. Rotlaubige Kräuterschönheiten, wie Rotes Basilikum oder Shiso, gibt es ebenso wie romantisch silberblättrige. Wer jemals Heiligenkraut oder Lavendel unter rosafarbenen Rosen gesehen hat, wird den Zierwert der Aromapflanzen nicht anzweifeln.

Aromaküche

In jüngster Zeit erfreut sich aber vor allem die Aromaküche großer Popularität. Seit die Nation das Kochen entdeckt hat und sich täglich über TV-Sendungen von Starköchen inspirieren lässt, stehen frische Kräuter als Geschmacksgeber ganz hoch im Kurs. Ob bodenständig

► Kräuter sind wahre Multitalente. Mit leuchtenden Blüten und frischem Grün sehen sie nicht nur gut aus, sondern tun mit ihren Düften und heilsamen Inhaltsstoffen auch Körper und Seele gut.

Traditionelles, wie Sauerampfer, Kerbel oder Bärlauch, mediterrane Finessen oder ungewohnt exotische Gaumenreize aus der asiatischen Küche, die Experimentierfreude ist erfreulich groß. Und womit könnte man sich intensivere Aromanoten holen als mit frisch geernteten Kräutern aus dem eigenen Garten? Ohne langen Transport frisch auf den Tisch, dafür gibt es einfach keinen Ersatz – höchstens die Kräuter von der eigenen Fensterbank oder dem Balkon. Denn glücklicherweise gedeiht ein Großteil der Aromaspender auch willig in Töpfen und Kästen. Nichtgartenbesitzer brauchen also keineswegs zu verzichten.

Ätherische Öle

Die Träger der betörenden Düfte und der würzigen Aromen sind ätherische Öle. Während sie bei vielen Duftpflanzen, z. B. Rosen, vor allem in den Blüten lokalisiert sind, um mit ihrem Parfum Insekten zur Bestäubung anzulocken, sitzen sie bei Kräutern vornehmlich in den Blättern, manchmal sogar in unterirdischen Organen. Sie werden erst durch Berührung oder Zerreiben freigesetzt. Drüsenzellen scheiden aktiv ätherische Öle ab. Sie werden jedoch unter einer schützenden Wachsschicht an der Blattoberfläche gesammelt. Erst bei Kontakt von außen platzt diese Schutzschicht auf und setzt das Aroma frei. Botaniker nennen Kräuter deshalb auch Kontaktdufter. Wozu dieser Kunstgriff der Natur? Während Blütenparfum buchstäblich schnell »verduftet«, behalten

Kräuter ihr Aroma ein Pflanzenleben lang bei. Es erfüllt auch eine andere Funktion. Nicht anlocken heißt die Devise, sondern abschrecken. Fraßfeinde und Schädlinge werden so auf Distanz gehalten. Der duftende Abwehrmechanismus dient nicht nur der eigenen Erhaltung, auch Nachbarpflanzen im Beet profitieren davon. So hält Lavendel den Rosen Blattläuse vom Leibe und Bohnenkraut den Bohnen. Knoblauch schützt Erdbeeren vor Grauschimmel. Kräuter dienten schon immer als unverzichtbare Partner in den Mischkulturen bäuerlicher Gärten. Sie hielten Pflanzen und Menschen gesund.

Gesundheit und Wohlbefinden

Die Heilwirkung von Kräutern – oft über Jahrhunderte hinweg überliefert – wurde inzwischen in vielen Fällen wissenschaftlich nachgewiesen. So nutzt man beispielsweise die antibiotische Wirkung von Thymian und die entzündungshemmende von Salbei auch in der modernen Schulmedizin. Neben den ätherischen Ölen tragen jedoch oft auch andere Inhaltsstoffe zur Heilkraft bei. Wermut etwa fördert die Verdauung nicht zuletzt wegen seines Anteils an Bitter- und Gerbstoffen. Ähnliches gilt für den Beifuß, der deshalb traditionell den weihnachtlichen Gänsebraten bekömmlicher macht. Die segensreichen Wirkungen der Kräu-

◄ Aus dem Garten frisch auf den Tisch, so entfalten Kräuter ein konkurrenzlos intensives Aroma.

▼ Ätherische Öle transportieren herrliche Düfte. Die Aromatherapie macht sich ihre heilsamen Wirkungen zunutze.

ten bis zur Schärfe von Ingwer oder Pfeffrigem Oregano ist alles geboten. Und das Beste: Laufend kommen neue Aromavarianten hinzu. Findige Gärtner überraschen immer wieder mit neuen Spielarten bewährter Würzpflanzen und emsige Kräutersammler tragen aus aller Welt ständig neue Spezialitäten zusammen, die die exotische Küche bereichern. So bilden Kräuter heute eine sehr heterogene Pflanzengruppe, deren Aussehen und Ansprüche so unterschiedlich sind wie ihre Herkunft.

Ein- und Mehrjährige

Schon die Bezeichnung »Kräuter« trifft nur die halbe Wahrheit. Versteht man doch botanisch darunter eigentlich Pflanzen, die ihr ganzes Leben lang krautig wachsen. Dabei bilden Salbei, Lavendel, Thymian und viele andere Aromapflanzen Halbsträucher, deren Basis im Lauf der Zeit von unten her verholzt. Wieder andere zählen zu den Gehölzen, wie etwa der mediterrane Lorbeer. Der größte Teil der Würzkräuter gehört ins Reich der Stauden, das heißt, die Pflanzen wachsen mehrjährig. Ihre Blätter und Triebe sterben zwar mit den ersten Frösten im Herbst ab, der Wurzelballen überwintert aber und treibt im nächsten Frühjahr wieder aus. Diesem Lebensrhythmus folgen zum Beispiel Liebstöckel, Pfefferminze oder Waldmeister. Ein paar der bekanntesten und beliebtesten Würzkräuter, wie Kerbel oder Dill, gedeihen aber einjährig. Das heißt, sie durchlaufen innerhalb einer Saison ihr ganzes Pflanzenleben, von der Aussaat über den Austrieb und die Blütenbildung bis zum Samenansatz. Im Herbst sterben sie ab und müssen im Folgejahr neu gesät werden. Petersilie wiederum entwickelt sich zweijährig. Sie bildet im ersten Jahr eine Blattrosette und erst im zweiten erwächst daraus ein Stängel mit Blüten. Viele dieser kurzlebigen Aromaspender eignen sich hervorragend für die Topfkultur.

Heimische Arten

Ein gut Teil unseres Kräutersortiments hat uralte Wurzeln, die bis weit in die vorchristliche

▲ Kräuter fanden aus den unterschiedlichsten Regionen der Erde in unsere Gärten und Küchen; manche gedeihen nur einjährig.

ter kommen ja nicht nur in Form von Heiltees oder sonstigen medizinischen Anwendungen zum Tragen, auch als Würze in leckeren Gerichten genossen, tun sie dem Körper gut.
Sogar den Düften alleine hat man einen positiven Einfluss auf das menschliche Wohlbefinden nachgewiesen. Sie können Körperreaktionen hervorrufen, die willentlich nicht beeinflussbar sind. Denn Gerüche werden im Stammhirn verarbeitet, einem entwicklungsgeschichtlich uralten Teil unseres Gehirns, von dem aus auch unsere Emotionen gesteuert werden. Ein Umstand, den sich die Aromatherapie zunutze macht. So fördern Zitrusdüfte die Konzentrationsfähigkeit, während Lavendel entspannt oder Rosmarin sanft den Kreislauf anregt. Wohl dem, der einen eigenen Kräutergarten hat. Der kann sich sein individuelles Wellnessprogramm ganz nach Lust und Laune täglich neu zusammenstellen.

Aus aller Herren Länder

Manche Düfte kann man einfach nicht riechen, während andere zu Herzen gehen. Und auch beim Kochen lässt einem das eine Aroma das Wasser im Munde zusammenlaufen, das andere die Nase rümpfen. Gut, dass die Kräutervielfalt so immens ist. Hier findet garantiert jeder das Richtige. Von süßlichen Noten, wie bei Süßkraut oder Anis, über erfrischende Minze- oder Zitrusaromen, herbe Thymian- oder Salbeivarian-

Zeit zurückreichen. Unsere keltisch-germanischen Vorfahren lebten eng verbunden mit der Natur und ihren Rhythmen. Viele heimische Pflanzen, die damals – bereits vor rund 2000 Jahren – von Bedeutung waren, haben noch heute ihren festen Platz im Kräutergarten. So wurden z. B. zur Sommersonnenwende aus Johanniskraut, Schafgarbe, Arnika, Kamille, Königskerze, Kümmel, Wermut, Pfefferminze und Tausendgüldenkraut Kräuterbuschen gebunden, um die reifende Ernte zu segnen. Die »grüne Neune« hat sich bis heute nicht nur sprachlich, sondern in manchen ländlichen Regionen auch praktisch erhalten, wenn der Brauch auch christlich umgedeutet wurde. Solche seit langer Zeit bei uns heimischen Kräuter sind optimal an unser Klima angepasst. Die meisten sind etwas anspruchsvoller, was die Bodenfeuchtigkeit und die Nährstoffversorgung anbelangt. Einige davon vertragen auch halbschattige Standorte.

Mediterraner Zuwachs

Ganz anders sieht es bei den heute so beliebten mediterranen Würzpflanzen aus. Mit der Verbreitung des Christentums von Rom aus erreichten nicht nur völlig neue religiöse Vorstellungen den kühlen Norden, sondern auch ganz neue Pflanzen. Benediktinermönche waren wohl die Ersten, die neben der Bibel wertvolle Kräuter im Gepäck hatten, deren medizinische Wirkung schon in den Schriften der berühmtesten Ärzte der Antike beschrieben war, etwa bei Dioskurides, Theophrast oder Hippokrates. So wurden die Klöster zu einer wichtigen Station für die Entwicklung der abendländischen Medizin und der praktischen Kräutergärtnerei. Rosmarin, Salbei, Thymian, Ysop und viele andere, heute unverzichtbare Würz- und Zierpflanzen kamen auf diesem Wege zu uns. Ihre Ansprüche und Bedürfnisse entsprechen noch heute den Bedingungen, die sie in ihren Heimatländern rund um das Mittelmeer gewöhnt waren. Die meisten lieben vollsonnige, trockenheiße Standorte auf eher kargen, nährstoffarmen, sehr durchlässigen Böden, die gerne etwas

kalkhaltig sein dürfen. Es sind die »Hungerkünstler« unter den Kräutern, die uns Gärtner mit ihrer Anspruchslosigkeit und Pflegeleichtigkeit erfreuen. Allerdings sind nicht alle bei uns winterhart, sondern brauchen etwas Frostschutz oder müssen im Kübel gehalten und im Winter frostfrei gestellt werden, wie etwa Rosmarin oder Lorbeer.

Im Lauf der Jahrhunderte verstärkten sich die Handelsbeziehungen auch mit fernen Kontinenten, wie Ostasien oder Afrika. Die Neue Welt – Amerika – wurde entdeckt. Und aus aller Herren Länder gelangten und gelangen noch immer neue Gewürze und Kräuter nach Europa. Manchmal fällt die Abgrenzung zum Gemüse oder zu den Zierpflanzen schwer. Dieses Buch konzentriert sich auf Arten, die sich im Garten und/oder als Aromaspender in der Küche gut machen. Welche Auswahl Sie für sich auch immer treffen, die Herkunft der Pflanzen gibt immer wertvolle erste Hinweise auf ihre Ansprüche an Standort und Pflege.

▼ Mediterrane Kräuter, wie der Lavendel, lieben sonnige Plätze und die Gesellschaft von Steinen.

Gartengestaltung mit Kräutern

Wohin mit den Kräutern im Garten? Ihre Vielfalt in Gestalt, Blattfarben und -formen sowie Blütenpracht eröffnet glücklicherweise eine Fülle an Gestaltungsmöglichkeiten. Aber wie leicht packt einen die Sammelleidenschaft und man weiß schon bald nicht mehr, wohin mit all den duftenden Schönheiten. Eine beliebte Lösung, die auch verschiedenen Standortansprüchen gerecht wird, bietet die Kräuterspirale.

Die Kräuterspirale

Hier kann man auf relativ kleinem Raum viele Pflanzen mit unterschiedlichen Bedürfnissen unterbringen. Dazu schichtet man Natur- oder Ziegelsteine lose, ohne Mörtel, zu einer spiralförmig ansteigenden Mauer auf. Die Spirale oder Kräuterschnecke sollte mindestens 1 1/2 bis 2 Windungen aufweisen. Die Zwischenräume werden mit Erde unterschiedlicher Qualität und Zusammensetzung aufgefüllt und genügen so den Kräutern verschiedener Herkunftszonen. Von feucht und nährstoffreich im unteren Teil schrauben sich die Bodenverhältnisse hoch über humose Gartenerde bis hin zu trockensteinigen Bedingungen.

So wird gebaut

Wählen Sie für eine Kräuterspirale ein sonniges Plätzchen im Garten aus. Idealerweise liegt es so, dass man es von der Küche aus schnell erreichen kann. Die Grundfläche sollte mindestens zwei mal zwei, besser zwei mal drei Meter betragen. Befreien Sie die Fläche vom vorhandenen Bewuchs und schlagen Sie in den Mittelpunkt einen Pfosten ein. Legen Sie nun von dort beginnend eine Schnur oder einen Gartenschlauch spiralförmig um das Zentrum herum aus, um die Grundform der Kräuterschnecke zu markieren. Man kann die Windungen auch mit Sand vorzeichnen. Entlang dieser Linie schichtet man anschließend die Steine auf. Beginnen Sie in der Mitte. Dort sollte die Mauer 70 bis 100 cm Höhe erreichen. Von diesem Gipfel aus fällt sie ab und läuft am Ende der Schnecke auf 20 cm Höhe aus. Geben Sie der Mauer eine leichte Neigung nach innen – das erhöht ihre Stabilität – oder beginnen Sie bereits beim Bau mit dem Hinterfüllen, um die losen Steine zu stützen. Zuunterst kommt auf drei Viertel der Spirallänge eine Drainageschicht aus Steinen oder Kies. Sie sollte maximal halb so hoch wie die Mauer ausfallen. Nur

► Im Zentrum ist die Kräuterspirale am höchsten. Dort beginnt man mit dem Aufschichten der losen Steine und hinterfüllt sie mit unterschiedlichen Erdmischungen.

►► Die entsprechenden Kräuter vor dem Setzen zunächst positionieren.

das untere, auslaufende Ende der Schnecke wird nicht drainiert.

Auf diese steinige Unterlage füllt man nun die Pflanzerde, die für jeden Abschnitt anders zusammengemischt wird. In den sonnigen Gipfelbereich und das oberste Drittel der Strecke gibt man einen nährstoffarmen Mix aus Sand, Kies und Erde. Der daran anschließende mittlere Bereich der Kräuterschnecke wird mit guter, humoser Gartenerde befüllt. Für den letzten Abschnitt reichert man die Gartenerde bis zu einem Viertel mit Kompost oder organischem Langzeitdünger an. Wer will und Platz genug hat, kann ans Ende der Kräuterspirale einen kleinen Folienteich setzen oder dort eine Plastikwanne eingraben, um auch Wasser liebenden Kräutern einen Platz zu bieten.

Die Bepflanzung

- Im obersten, trocken-mageren Bereich fühlen sich die mediterranen Sonnenanbeter wohl. Hier gedeihen Salbei, Lavendel, Bergbohnenkraut, Ysop, Thymian und Oregano. Die beiden Letzten eignen sich auch gut, um zwischen Ritzen und Steinfugen zu wachsen und so das Mauerwerk seitlich zu begrünen. Außerdem gedeihen hier auch Wermut, Eberraute und andere Trockenheit liebende Artemisia-Arten.

- Für den mittleren Teil der Kräuterschnecke mit humoser Gartenerde kommen Arten wie Estragon, Dill, Petersilie, Pimpinelle, Koriander, Basilikum oder Schnittlauch in Frage.

- Im unteren Teil, auf dem nahrhaften Boden, entwickeln sich die etwas anspruchsvolleren Aromapflanzen, wie Pfefferminze, Zitronenmelisse, Sauerampfer oder Waldmeister hervorragend. Auch Meerrettich und Liebstöckel passen hierher, beide können allerdings zu ziemlich stattlichen Ausmaßen heranwachsen und den »Rahmen« schnell sprengen. Das sollte man vor der Pflanzung bedenken.

- Im Wasserbecken schließlich kann man Brunnenkresse, Wasserminze oder Wasabi heranziehen.

Wer seine Kräuterspirale etwas großzügiger anlegen kann, kann sie im Sommer mit Topfkräutern dekorativ ergänzen. Flache Steine, auf verschiedenen Ebenen der Spirale eingesenkt, geben dann den nicht winterharten Kübelpflanzen wie Rosmarin, Vietnamesischem Koriander oder Zitronenverbene eine geeignete Standfläche. Sollten Ihnen im ersten Jahr nach der Pflanzung die Lücken zwischen den Jungpflänzchen noch zu groß sein, säen Sie einfach einjährige Kräuter dazwischen, die im Folgejahr den Platz automatisch wieder räumen.

Die beste Pflege für eine Kräuterspirale ist die regelmäßige Ernte. Knipsen Sie immer ganze Triebspitzen ab; das hält die Pflanzen kompakt und regt sie zu guter Verzweigung an. Dennoch muss man bei dieser Anordnung immer bedenken, dass, bedingt durch den unterschiedlichen Wuchs und die Höhenentwicklung der Kräuter, die Schnecke auch irgendwann die Form verliert. Nach einigen Jahren ist es unumgänglich, Korrekturen vorzunehmen, das heißt zu groß gewordene Pflanzen herauszunehmen, zu teilen oder umzupflanzen. Auch die Erde, die zumindest in den humoseren Abschnitten mit der Zeit schrumpft, muss gelegentlich aufgefüllt und etwas aufgedüngt werden.

▲ Eine Kräuterspirale bietet verschiedene Standorte auf kleinem Raum.

Gut in Form
nach klassischem Vorbild

Wer sich mit Kräutern beschäftigt und sich immer wieder einmal auf Gartenschauen, in Freilichtmuseen oder in alten Klöstern inspirieren lässt, trifft oft auf streng formal angelegte Kräutergärten. Die überbordende Pracht frischer Würzpflanzen wird dort gebändigt von geometrischen Beetformen und formgeschnittenen Einfassungen aus Buchsbaum. Diese Art des Kräuteranbaus blickt auf eine lange Tradition zurück und hat ihren Ursprung in den Klöstern des Mittelalters. Dort wuchsen die Kräuter im Schutz hoher Klostermauern im Apotheken- oder Küchengarten heran. Die gesamte Gartenanlage wurde meist – nicht ohne symbolische Bedeutung – von einem Wegekreuz geteilt. Die Mitte schmückte ein kleines Rondell, das durch eine besonders schmückende Pflanze, einen Brunnen oder eine Figur betont und so zum Blickfang wurde. Je nach Größe der Anlage gliederten sich die vier Quadranten noch einmal in kleinere Quadrate, Rechtecke oder Dreiecke mit schmalen Wegen dazwischen. Schließlich wurden die Pflanzen nicht nur gepflegt, sondern auch regelmäßig beerntet und mussten gut zugänglich sein. Von den Klöstern – den Wissenszentren vergangener Jahrhunderte – übernahmen schließlich auch die einfacheren Leute

▼ Einfassungen aus Buchs geben dem Kräutergarten klare Strukturen und unterteilen ihn in verschiedene Bereiche.

Kräuter für Einfassungen

- **Heiligenkraut** *(Santolina chamaecyparissus)*
- **Lavendel** *(Lavandula angustifolia)*
- **Eberraute** *(Artemisia abrotanum)*
- **Weinraute** *(Ruta graveolens)*
- **Bergbohnenkraut** *(Satureja montana)*
- **Thymian** *(Thymus vulgaris)*
- **Ysop** *(Hyssopus officinalis)*
- **Schnittlauch** *(Allium schoenoprasum)*

nicht nur interessante Kräuter und Nutzpflanzen, sondern auch dieses gärtnerische Ordnungsprinzip. Das Wegekreuz und die buchsgesäumten Beete avancierten somit auch für den klassischen Bauerngarten zum prägenden Merkmal. Dort verliehen sie dem lebhaften, vitalen Miteinander von Gemüse, Kräutern und bunten Blumen wohltuende optische Struktur. Denn Bauerngärten waren Nutz- und Ziergärten in einem; eine strikte Trennung gab es nicht. Im Gegenteil, durch die Mischkultur hielten sich die Pflanzen gegenseitig gesund und das Wachstum wurde gefördert. Kräuter spielten dabei eine herausragende Rolle.

Viele praktische Vorteile

Die traditionsreiche Grundstruktur des formalen Kräutergärtchens hat sich nicht ohne Grund bis heute erhalten. Es sieht nicht nur sehr dekorativ aus, sondern die Anordnung bietet auch handfeste praktische Vorteile. Die schnurgeraden Wege sind kurz und damit zeitsparend. Alle Pflanzen sind gut zu erreichen und man kann in den einzelnen Beeteinheiten Kräuter mit ähnlichen Ansprüchen zusammenfassen, was die Pflege sehr erleichtert. Darüber hinaus schützen die Einfassungen die Pflanzen im Beet vor Windbewegungen. Die Temperaturen in Bodennähe liegen um ein bis zwei Grad höher als in offenen Beeten.
Dabei muss es keineswegs immer Buchs sein, der der Kräuterpracht Grenzen setzt. Zwar

bringt er mit seinen immergrünen Blättern, der guten Verzweigung und dem langsamen Wuchs viele Vorzüge für diese Rolle mit, aber es gibt auch unter den Kräutern selbst eine ganze Reihe von Arten mit ähnlichen Eigenschaften, die sich ebenso gut als niedrige Beeteinfassung eignen (siehe Kasten). Besonders Arten mit auffälligen Laubfarben oder filigranen Blattstrukturen, wie Heiligenkraut und Weinraute, können tolle Akzente setzen und halten mit ihren Aromen auch noch so manchen Schädling vom Beet fern. Beide schmücken sich im Juli zudem mit gelben Blüten. Für einen blauen Blütenrahmen sorgt z. B. Lavendel. Ebenso wie der Buchs, der einmal im Jahr (im Frühsommer) geschnitten werden muss, brauchen diese Einfassungskräuter einen regelmäßigen Schnitt, um schön dicht und kompakt zu bleiben. Das Schnittgut kann natürlich in der Küche Verwendung finden. Eine »Hecken«-Alternative kann auch Schnittlauch sein mit seinen zierlichen Halmen und den violetten Blütenkugeln. Beerntet man diese Einfassung, reißt das allerdings hässliche Löcher in die Optik.

Es muss ja nicht immer gleich der ganze Garten formal gestaltet sein – ein Bauerngarten muss

schließlich auch zum Haus passen –, aber in irgendeine Gartenecke passt fast immer ein kleines formales Kräuterbeet. 2,5 mal 2,5 Meter Grundfläche genügen schon für ein kleines Wegekreuz mit vier Beeten. Ein Rosenhochstämmchen in der Mitte beansprucht wenig Platz und erfüllt die Hinguckerfunktion perfekt. Noch weniger Raum braucht ein kleines eingefasstes Rondell mit dreieckigen Segmenten aus unterschiedlichen Kräutern. Oder man ordnet verschiedenfarbige Kräuter in konzentrischen Kreisen um den Mittelpunkt an. Der Fantasie sind keine Grenzen gesetzt.

▲ Manche Kräuterarten eignen sich selbst für dekorative Einfassungen, wie die Weinraute.

▼ In Bauerngärten wachsen Kräuter, Zierpflanzen und Gemüse in buntem Miteinander.

TIPP **Ein paar einfache Hilfsmittel erleichtern die Anlage eines formalen Kräuterbeetes. Um exakte geometrische Muster auf die Bodenfläche zu übertragen, benutzt man Schnüre und Holzpflöcke. Vermessen Sie zunächst die Grundfläche und markieren Sie die Eckpunkte mit Pflöcken. Anschließend wird der Mittelpunkt bestimmt und ebenso markiert. Für gerade Pflanzlinien spannt man nun Schnüre z. B. von Eckpunkt zu Eckpunkt. Sie geben die Richtung vor. Kreislinien erhält man, indem man am Mittelpflock eine Schnur befestigt, an deren anderem Ende ebenfalls ein Holzstock hängt. Mit diesem »Zirkel« können Sie nun exakte Kreisbogen auf der Bodenoberfläche markieren.**

Beetpartner für Rosen und Stauden

Ein abgeschlossenes eigenes Kräutergärtchen oder eine Kräuterspirale haben zwar ihren Charme und auch manchen praktischen Vorzug, doch wo immer der Platz dafür nicht reicht oder diese Elemente stilistisch nicht passen, fügen sich Kräuter auch problemlos in den Ziergarten ein, als schmucke Partner von Stauden, Sommerblumen und Rosen in der Rabatte.

Laubschönheiten

Schöne Blüten sind zwar die Stars in der Staudenrabatte, aber – mal ehrlich – die meiste Zeit leben Pflanzenkombinationen eigentlich von der gelungenen Zusammenstellung von Wuchs- und Laubformen. Eine geschickte Höhenstaffelung und unterschiedliche Blattstrukturen beleben das Bild. Kräuter geben so manchem Schmuckbeet erst die richtige optische Würze. Große, saftig grüne Blätter, wie sie Kapuzinerkresse, Gartenmelde oder Sauerampfer zu bieten haben, sorgen für Ruhepole im Farbenmeer. Filigrane, zart-fedrige Strukturen, wie sie Dill oder Fenchel mitbringen, verleihen einem Ensemble mehr Leichtigkeit und Transparenz. Stattliche hohe Arten wie Beifuß oder Estragon

behaupten sich auch im Beethintergrund. Niedrige, polsterförmige wie Oregano oder viele Thymianarten machen sich als Randbepflanzung gut. Abweichende Laubfarben prädestinieren viele Kräuter als Blattschmuckpflanzen für den Ziergarten. Panaschierte Varianten traditionsreicher Küchenkräuter empfehlen sich als Muntermacher im Beet. Zitronenmelisse, Ananasminze, Zitronenthymian, Kapuzinerkresse und mancher Salbei hellen mit ihren gelb-grün oder weiß-grün gemusterten Blättern auch an trüben Tagen den Garten auf. Ähnliches gilt für rein gelbes Laub, wie es z.B. Goldmajoran besitzt. Es sorgt zwischen dunkelgrün belaubten Beetnachbarn für ein echtes Highlight und passt Ton-in-Ton zu gelben Blüten. Wirkungsvolle, knallige Hell-dunkel-Kontraste erzielt man mit rot- und purpurlaubigen Kräutern. Fast schwarz muten die Blätter der Perilla und mancher Basilikumsorte aus der Entfernung an. Sie lassen leuchtkräftige Farben wie Orange oder Hellrot in der Umgebung noch mehr erstrahlen. Außerdem können sie geschickt zwischen warm-roten und kühl-roten Beetnachbarn vermitteln.

Rosenkavaliere

Rosen und Kräuter bilden ohnehin ein traditionsreiches Team. Schon in den alten Klostergärten teilten sie sich die Beete. Ihre Düfte ergänzen sich perfekt. Die würzigen Kräuteraromen verbinden sich mit dem blumigen Rosenparfum zu einer vielstimmigen Duftorgel. Dank der Insekten abschreckenden Wirkung mancher Kräuternote werden viele Aromapflanzen auch noch zum Bodyguard der Königin der Blumen. Lavendel gilt aus diesem Grund noch heute als klassischer Rosenbegleiter, wobei ihn auch sein grau-silbriges Laub in die Reihe der besonders vornehmen Rosenkavaliere einreiht. Diese kühle Blattfarbe und die feine nadelartige Laubstruktur verbreiten eine sehr romantische Atmosphäre, die besonders rosa und weiß blühende Rosen in ihrer Ausstrahlung unterstreicht. »Graue Eminenzen«, wie Heiligenkraut, Salbei, Weinraute, Eberraute, viele

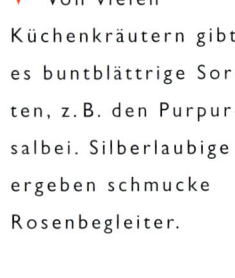

▼ Von vielen Küchenkräutern gibt es buntblättrige Sorten, z.B. den Purpursalbei. Silberlaubige ergeben schmucke Rosenbegleiter.

Edelrauten sowie Currykraut, durchziehen Beete wie Nebelschleier und geben ihnen eine zarte, ätherische Note. Aber auch der violett überhauchte Purpursalbei steht Rosen gut zu Gesicht. Auf nahrhaften Rosenböden sollte man allerdings die Pflanzerde der Kräuter mit Sand abmagern.

Blütenstars

Last, not least überzeugen viele Kräuter aber auch als Blütenpflanzen. So werden Lavendel oder Kapuzinerkresse durchaus auch wegen ihres leuchtenden Flors in den Ziergarten geholt. Auch Schnittlauch, Dill, Muskatellersalbei oder Borretsch, mit seinen himmelblauen Blütensternen, bereichern nicht nur die Küche, sondern mit ihren auffälligen Blüten auch das Beet. Und unter den Heilkräutern beweisen Ringelblume, Kamille, Johanniskraut, Indianernessel, Schafgarbe und Engelwurz, dass Schönheit und innere Werte sich nicht ausschließen.

Spezialisten für schwierige Standorte

Aber nicht genug damit, dass Kräuter die Konkurrenz im Ziergarten nicht zu scheuen brauchen. Die Einsatzfähigkeit der Dufter erstreckt sich auch auf die Problemzonen vieler Gärten, deren Gestaltung oft schwer fällt, weil die meisten Pflanzen dort kapitulieren. Unter den Kräutern finden sich etliche Spezialisten für ex-

treme Standortverhältnisse. So erweisen sich z. B. viele der aus der Mittelmeerregion stammenden Aromapflanzen – und das sind immerhin rund ein Drittel aller gebräuchlichen Küchenkräuter – nicht nur als ausgesprochen hitze- und trockenheitstolerant; sie laufen unter solchen Verhältnissen sogar erst zur Hochform auf. Je karger der Standort, desto kräftiger entwickelt sich in der Regel ihr Aroma. Steinige Plätze in voller Sonne gehören zu den prädestinierten Orten für die Hungerkünstler.

Steingärten und Trockenmauern

In Steingärten und an Trockenmauern, die nach Süden exponiert sind oder in Ost-West-Richtung verlaufen, finden die mediterranen Vertreter heimatliche Verhältnisse: durchlässigen Untergrund, denn zwischen den Steinen läuft Wasser schnell weg, aber auch viel Sonne und Wärme. Die Steine speichern die Hitze des Tages und geben sie noch lange an ihre Umgebung ab. Idealerweise verwendet man Kalksteine bei der Anlage, denn viele Mittelmeerkräuter sind Kalk liebend, da sie auf ihren natürlichen Standorten meist auf kalkhaltigen Böden gedeihen. Trockenmauern errichtet man, wie auch die Krauterspirale, aus Natursteinen, die man ohne Bindemittel lose übereinanderschichtet. Sie sollten nicht höher als ein bis eineinhalb Meter

▲ Kapuzinerkresse bringt mit ihren gelben und orangefarbenen Blüten Farbe in den Kräutergarten.

werden. Vielleicht sind manche Stellen später nicht mehr so leicht zugänglich. Zum Anwachsen regelmäßig gießen. Später braucht man nur noch ernten.

Duftrasen, Duftpfade, Duftbänke

Begehbare Kräuter können aber auch als »Wegbelag« dienen. Sie reagieren nicht empfindlich, wenn man sie mit Füßen tritt, und können gepflasterte Wege gänzlich ersetzen. Vielleicht eignen sie sich nicht unbedingt für den ständig strapazierten Hauptweg von der Gartenpforte zur Eingangstür, aber gegen gelegentliches Beschreiten ist nichts einzuwenden. So ein grüner Duftpfad lässt jeden roten Teppich blass aussehen, wenn einem beim Darübergehen betörende Aromawolken willkommen heißen. Oder wie wäre es, wenn Sie eine kleine sonnige Fläche im Garten zu einem Duftteppich oder Duftrasen umgestalten. Wie viel mehr Vergnügen macht ein Sonnenbad, wenn man nicht nur die Wärme spürt, sondern auch noch von aufsteigenden würzigen Duftwolken eingehüllt und davongetragen wird? Die Kräuter wachsen keineswegs nur im Rasen, sondern ersetzen ihn gänzlich. Wenn sie erst mal richtig eingewachsen sind, vertragen sie, wie Rasen, den regelmäßigen Schnitt mit dem Mäher. Für diese Zwecke eignen sich Thymiane (siehe Kasten) sowie Römische Kamille *(Anthemis nobilis)*, Englische Rasenkamille *(Anthemis nobilis* 'Treneague') oder für schattigere Plätze Teppichpoleiminze *(Mentha pulegium* 'Nanum') oder Korsische Minze *(M. requienii)*.

Ein nicht alltägliches Gartendetail lässt sich mit einer Duftbank realisieren. Stellen Sie eine Stein- oder Holzbank mit einer leichten Vertiefung in der Sitzfläche an einen sonnigen Platz. Füllen Sie eine Erde-Sand-Mischung in die Mulde und pflanzen Sie kriechende Thymianarten oder Römische Kamille hinein. Lassen Sie den Jungpflänzchen etwas Zeit zum Anwachsen, aber wenn Sie sich dann auf den grünen Polstern niederlassen, bekommt der Begriff »Duftkissen« eine völlig neue Dimension.

▲ Viele mediterrane »Hungerkünstler« wachsen auf kargen Standorten, wie Trockenmauern, auf denen andere Pflanzen kapitulieren.

sein. Zuunterst positioniert man möglichst breite, flache Steine, damit die nächste Schicht stabil und ohne zu wackeln aufgelegt werden kann. Unebenheiten können mit kleinen Bruchsteinen oder einem Sand-Erde-Gemisch aufgefüllt werden, das abschließend auch in die Fugen und Ritzen an der Maueroberfläche und den Seitenwänden verfüllt wird. In dieses Substrat setzt man dann Kräuter wie Oregano, Thymian, Bergbohnenkraut, Currykraut, Lavendel, Ysop oder Salbei. Die höheren Arten obenauf, polsterförmig wachsende an die Seiten. Wo es sinnvoll erscheint, können die Pflanzen auch gleich beim Aufschlichten der Trockenmauer eingefügt

TIPP **Einige Asketen peppen sogar Wege und Treppen auf, indem sie sich in den schmalen Fugen und Ritzen zwischen den einzelnen Steinen oder Trittplatten ausbreiten. Je niedriger die Kräuterart wächst, desto besser erträgt sie sogar das Betreten. Am besten eignen sich dazu niedrige Thymianarten, wie Kriechender Zitronenthymian *(Thymus citriodorus* var. *repens)*, Moosthymian *(T. praecox)*, Sandthymian *(T. serpyllum)*, Kümmelthymian *(T. herba-barona)* oder Quendel *(T. pulegioides)*. Sie sorgen mit ihren immergrünen Blättchen für Dauerfarbe.**

Kübelweise Aroma und Würze

Sie haben gar keinen Garten? Auf frische Kräuter möchten Sie aber dennoch nicht verzichten? Kein Problem, nahezu alle Kräuter wachsen problemlos auch in Töpfen, Kübeln oder sogar im Kasten. Für einige Arten ist diese Kulturform der Auspflanzung im Beet sogar vorzuziehen. Basilikum etwa entwickelt sich im Topf oft wesentlich üppiger als im Garten, wo ihm Wetterverhältnisse oder Schnecken oft stark zusetzen.

Zimmerkultur auf der Fensterbank

Generell eignen sich besonders die ein- und zweijährigen Kräuterarten für die Haltung in Gefäßen: Dill, Kresse, Petersilie, Kerbel, einjähriges Bohnenkraut oder Schnittlauch überzeugen im Topf häufig mehr als im Boden. Unschlagbar praktisch ist ihre Kultur am Küchenfenster. So hat man die passende Würze immer griffbereit in Herdnähe – frisch und in bester Qualität. Häufig werden die Pflänzchen nicht sehr alt, weil sie rasch aufgegessen sind. Aber laufende Nachsaaten (Aussaat siehe Seite 38/39) sorgen immer wieder für frische Würze und verlängern die Kräutersaison in den Winter hinein. Voraussetzung ist allerdings, dass das Fenster helle, sonnige Lichtverhältnisse bietet. Denn gerade im Haus, wo die Lichtintensität ohnehin geringer ausfällt, brauchen Kräuter viel Sonne, um reichlich Aroma zu bilden. Ideal sind Ost- oder Westfenster. Südfenster bergen zumindest in den Hochsommermonaten die Gefahr, dass die zarten Blätter hinter Glas regelrecht verbrennen und die Töpfe zu schnell austrocknen. Während dieser Zeit sind die

Kräuter besser vom Fenster abzurücken oder – soweit vorhanden – auf Balkon oder Terrasse an die frische Luft zu stellen.

Zu groß für das Fensterbrett, aber dennoch geeignet für die Zimmerkultur sind manche Exoten, die aus Heimatregionen stammen, in denen ganzjährig hohe Temperaturen vorherrschen. So gedeihen bei uns Zitronengras, Ingwer, Kurkuma oder Vietnamesischer Koriander ohne Weiteres auch ganzjährig im Zimmer. Alle im Haus gezogenen Kräuter und Würzpflanzen sollte man regelmäßig auf Schädlingsbefall kontrollieren. Vor allem im Winter, wenn trockene Heizungsluft den Pflanzen das Leben schwer macht, breiten sich Spinnmilben und Blattläuse gern aus (siehe S. 138/139).

▼ Auch Balkon- und Terrassengärtner können sich frisches Grün selbst ziehen, denn fast alle Kräuter gedeihen willig in Töpfen.

▶ Mit Ampeln und
»Hanging Baskets«
lässt sich der be-
grenzte Platz auf
dem Balkon optimal
ausnutzen. Langtrie-
bige Arten, wie der
blühende Oregano
im Vordergrund, ent-
wickeln sich beson-
ders malerisch.

Sommerfrische auf Balkon und Terrasse

Für so manchen Exoten, der in unserem Klima nicht ausreichend winterhart ist, kommt ohnehin nur die Kübelhaltung in Frage. So fühlen sich zum Beispiel Rosmarin, Duftpelargonien oder Zitronenverbene in der Sommerfrische auf dem Balkon wohl. In der kalten Jahreszeit aber wollen sie frostfrei überwintern.

Für die Kultur von winterharten, ausdauernden Arten in Töpfen und Kübeln spricht die Tatsache, dass man Duft und Aroma auf diese Weise immer der Nase nachrücken kann. So lässt sich diese sinnliche Eigenschaft am besten genießen. Gruppieren Sie ein mobiles Ensemble mediterraner Parfümeure, wie Salbei, Lavendel, Ysop oder Bergbohnenkraut, um Ihren Liegestuhl und schwelgen Sie in Urlaubserinnerungen an Sommer, Sonne und Meer. Die Balkonbrüstung könnte ein Kasten mit buntblättrigen Salbeiarten oder silbrigem Currykraut schmücken. Und damit der knappe Platz optimal genutzt wird, dekorieren Ampeln mit hängenden Arten Wände und »Himmel«. In dieser Rolle machen Hängerosmarin, Bohnenkraut, viele Oregano- und Thymianvarianten, aber auch Kapuzinerkresse eine gute Figur. Achten Sie jedoch darauf, dass Sie Ihren Topfkräutern auf der Terrasse und dem Balkon die Licht- und Standortverhältnisse bieten, die sie auch im Freiland brauchen. So wird der mediterrane Topfgarten nur in Süd-West-Lage seine volle Pracht entfalten. Ein Ostbalkon bietet eher heimischen, halbschattenverträglichen Aromaten den richtigen Rahmen.

Töpfe und Erden

Standortbestimmend ist im Freiland natürlich ganz wesentlich der Boden. Diesen wichtigen Part übernehmen in der Topfkultur Pflanzgefäße und Erden. Kübel und Kästen stellen darüber hinaus aber auch ein hervorragendes Gestaltungsmittel dar. Ton und Terrakotta unterstreichen Mittelmeerflair perfekt, lassen allerdings auch viel Wasser verdunsten und sind nicht im-

mer frosthart. Glasierte Keramiktöpfe mit Asia-Motiven passen zu fernöstlichem Stil und entsprechenden Würzpflanzen. Die Glasur reduziert den Wasserverlust. Rustikale Holztröge und Weidenkörbe (mit Plastikfolie auslegen) stehen Bauerngartenpflanzen gut. Sie sind winterfest, verwittern aber mit der Zeit. Steintröge sind schwer und oft kostspielig, Kunststoff ist leicht, aber häufig nicht standfest genug. So hat jedes Material seine Vorzüge und Nachteile. Man muss von Fall zu Fall abwägen, welches Gefäß für welche Pflanze und welchen Standort die Anforderungen am besten erfüllt. Und nicht zuletzt ist es auch immer eine Frage des Stils und des persönlichen Geschmacks.

Wichtig ist: Alle Pflanzbehälter müssen Wasserabzugslöcher aufweisen – notfalls selbst hineingebohrte. Auch Plastikfolie, die Körbe auskleidet, muss ein paar Öffnungen haben. Nasse Füße sind für die meisten Kräuter tödlich. Des-

Das richtige Substrat

Verwenden Sie für die Topfkultur am besten handelsübliche Kräutererde. Normale Blumenerde ist zu stark aufgedüngt und eignet sich pur höchstens für anspruchsvolle Kräuter wie Minze, Petersilie oder Schnittlauch. Man kann sie jedoch 2 : 1 mit Sand abmagern, dann fühlen sich auch asketischere Arten wohl. Gartenbesitzer können sich ihr Topfsubstrat auch selbst mischen – aus Sand, Kompost und Gartenerde zu je etwa einem Drittel, für Mediterrane etwas mehr Sand, für Anspruchsvolle etwas mehr Kompost.

halb erweist es sich auch als vorteilhaft, Töpfe und Kübel auf Füßchen oder Klötze zu stellen, damit überschüssiges Gießwasser rasch abfließt. Diese Maßnahme ist besonders in Übertöpfen unerlässlich, sonst saufen Kräuter nach Regenfällen buchstäblich ab.

Die Erdmischung richtet sich nach den Ansprüchen der Pflanzen. Für anspruchsvollere Arten, wie Basilikum, Petersilie und Minze, darf sie etwas nährstoffreicher und humoser ausfallen (siehe Kasten). Für Asketen kommt nur abgemagertes Substrat in Betracht. Geben Sie als unterste Lage in jedes Pflanzgefäß eine Draina-

geschicht aus Tonscherben, Splitt, Kies oder Blähton. Sie darf je nach Gefäßgröße ein bis fünf Zentimeter hoch sein.

Pflege und Überwinterung

Da das Erdvolumen im Topf nur sehr begrenzt ist, werden Wasser und Nährstoffe schneller aufgebraucht. Regelmäßiges Gießen stellt also die wichtigste Pflegemaßnahme dar. Die Düngung hängt etwas vom Substrat ab. Wurde im Frühjahr frisch getopft, reicht die Vorratsdüngung bzw. der Kompost bis in den Sommer hinein aus. Ab Juni düngt man anspruchsvollere Arten im Vier-Wochen-Abstand nach, am besten mit Flüssigdünger.

Ausdauernde, frostfeste Kräuterarten können auch im Kübel draußen überwintern. Da das geringe Erdvolumen im Topf jedoch schneller durchfriert als der Boden im Freiland, sollte man Frostschutzmaßnahmen ergreifen. Stellen Sie die Gefäße auf isolierendes Styropor und hüllen Sie sie in Noppenfolie, Jutesäcke oder eine Laubpackung ein.

Frostempfindliche Arten, wie Rosmarin oder Duftpelargonien, holt man vor den ersten Minusgraden ins Haus, in den Keller oder die Garage. Der Winterplatz sollte frostfrei, aber kühl und hell sein.

◄ Töpfe sind ein wertvolles Gestaltungsmittel. Ton- und Terrakottagefäße passen stilecht zu mediterranen Kräutern wie Lavendel, Thymian und Oregano.

Kräuter pflanzen, pflegen und verwerten

Wo einkaufen?

Das Angebot an Kräutern ist heutzutage riesig. Die gängigen Aromaspender bekommt man nahezu überall offeriert. Petersilie, Dill, Basilikum, Salbei kann man sogar ganzjährig im Supermarkt oder beim Gemüsehändler als Topfware kaufen. Diese Pflänzchen stammen oft aus der Gewächshauskultur und sind für ein kurzes Leben auf der Fensterbank und den schnellen Verzehr bestimmt. Wer Kräuter für die Weiterkultur im Freien erstehen möchte, sollte die Jungpflanzen besser in der Gärtnerei holen oder sich Ableger aus dem eigenen Garten

oder bei Nachbarn und Freunden besorgen. Solche Pflanzen sind bereits genügend abgehärtet und weniger empfindlich.

Standardarten und -sorten findet man natürlich in jedem Gartencenter. Ausgefallene Varietäten, exotische Aromanoten und Liebhaberspezialitäten muss man dagegen oft lange suchen. Einige Spezialbetriebe, die ihre Ware auch bundesweit versenden, pflegen jedoch riesige Sortimente. In Onlineshops kann man sich meist schnell und unkompliziert einen Einblick in deren umfassende Angebote verschaffen. Entsprechende Adressen finden Sie im Anhang dieses Buches.

► Spezialgärtnereien bieten ein umfassendes Angebot an Sorten und Varietäten, das weit über die Standardkräuter hinausgeht.

Wann und wie pflanzen?

Für Kräuter ist das Frühjahr als Pflanzzeit zu bevorzugen. Die meisten sind einfach etwas empfindsamer, oft stammen sie aus wärmeverwöhnten Regionen und kommen zu Saisonbeginn daher besser aus den Startlöchern. Robuste mehrjährige Arten, wie Minzen oder Wermut, kann man aber auch im Herbst, von Mitte September bis Oktober, pflanzen.

Aussäen

Viele Kräuterarten zieht man am besten über die Aussaat an. Alle Ein- und Zweijährigen lassen sich ohnehin nur auf diese Weise vermehren. Samentütchen gibt es überall zu kaufen. Robuste, kälteunempfindliche Arten darf man im Frühjahr direkt an ihren endgültigen Standort ins Gartenbeet säen. Der optimale Zeitpunkt dafür hängt von der Kräuterart ab und den Klimabedingungen der Region, in der Sie leben. Er liegt in der Regel zwischen Ende März und Mitte Mai. Bereiten Sie das Beet sorgfältig vor, indem Sie den Boden lockern, evtl. aufbessern, Unkräuter entfernen und die Oberfläche glätten, ehe Sie die Samen ausbringen. Streuen Sie nicht zu dicht. Gegebenenfalls muss man die Sämlinge nach dem Auflaufen etwas ausdünnen. Alternativ – und für alle empfindlichen Arten zu empfehlen – kann man jedoch auch ab Februar im Haus Pflanzen vorziehen. Dazu befüllen Sie Aussaatschalen, Töpfe oder Kästen mit Aussaaterde und streuen die Samen darauf. Dünn mit Erde abdecken, leicht andrücken und gut befeuchten. Sorgen Sie für eine hohe Luftfeuchtigkeit, indem Sie die Gefäße mit Plastikhauben oder Folie abdecken. Praktisch sind Minigewächshäuser mit durchsichtigem Deckel. Stellen Sie die Aussaat an ein helles warmes Fenster und halten Sie sie stets gleichmäßig feucht. Sobald sich nach den Keimblättern die ersten richtigen Blätter gebildet haben, muss man die Sämlinge in größere Töpfchen vereinzeln. Jetzt braucht man die Pflanzen nicht mehr abdecken und kann sie langsam (stundenweise) an frische Luft und Außentemperaturen gewöhnen.

Jungpflanzen ins Beet setzen

Ins Freiland werden die jungen Pflänzchen erst nach den Eisheiligen, Mitte Mai, gepflanzt. In der Gärtnerei vorkultivierte mehrjährige Stauden, die bereits einen gut durchwurzelten Ballen mitbringen und im Freiland überwintert wurden, darf man auch schon früher pflanzen. Lockern Sie den Boden mindestens spatentief auf und entfernen Sie alle Unkräuter. Es ist nie mehr so einfach wie jetzt auf unbepflanzter

◀ Einjährige Kräuter lassen sich nur über die Aussaat anziehen.

▼ Zum Pflanzen mit der Handschaufel Pflanzlöcher graben.

▼▼ Damit die Abstände stimmen, Töpfe zuvor auf dem Beet zurechtrücken.

▲ Eine gelegentliche Bodenkalkung tut vielen mediterranen Kräutern gut. Am besten Magnesiumkalk oberflächlich einarbeiten.

Standort und Pflege

Die große Mehrheit der Kräuter bevorzugt sonnige Lagen. Nur bei viel Licht und direkter Sonneneinstrahlung entwickeln sie ihr volles Aroma. Besonders anspruchsvoll in dieser Hinsicht sind alle mediterranen Arten, deren Sonnenhunger oft schon an den grau-silbrigen Blättern zu erkennen ist. Sie sind auch dankbar für windgeschützte Lagen, evtl. vor einer Mauer oder im Schutz von Steinen oder Beeteinfassungen. Andere Arten, vor allem solche, die bei uns heimisch sind oder auch in freier Landschaft als Wildkräuter gedeihen, arrangieren sich auch mit halbschattigen Plätzen. Allerdings erweisen auch sie sich unter sonnigen Bedingungen meist als wüchsiger und aromatischer. In jedem Fall gibt die Herkunft einer Kräuterart immer wichtige Hinweise über ihre Standortbedürfnisse. Spezifische Angaben dazu finden Sie bei den jeweiligen Gruppen.

Fläche. Später muss man zwischen den Wurzeln der Kräuter viel vorsichtiger sein. Legen Sie die Pflanzen vorher auf dem Beet aus, um die Abstände zu kontrollieren. Geben Sie ihnen genug Raum, damit sie sich artgerecht entwickeln können. Kalkulieren Sie die zu erwartenden Ausmaße der erwachsenen Pflanzen ein und gestehen Sie stattlichen Vertretern wie Liebstöckel oder Artemisien entsprechenden Platz zu.

Bevor Sie die Pflänzchen setzen, tauchen Sie die Töpfe so lange in einem Eimer unter Wasser, bis keine Luftblasen mehr aus der Erde aufsteigen. Heben Sie das Pflanzloch so aus, dass rings um den Wurzelballen noch rund zwei bis drei Zentimeter Platz bleiben. Je nach Boden- und Kräuterart führt man jetzt gegebenenfalls entsprechende Verbesserungsmaßnahmen (siehe unten) durch, indem man die Aushuberde mit Zusatzstoffen vermischt. Anschließend hält man die Pflanze hinein, füllt die Erde auf und drückt den Ballen mit den Fingern an. Seine Oberfläche sollte mit der Bodenoberfläche abschließen. Die Pflanzen dürfen im Beet nicht tiefer stehen als zuvor im Topf, sonst kümmern sie oft. Zuletzt gießen Sie reichlich an, damit die Wurzeln guten Bodenschluss bekommen. Halten Sie die Jungpflanzen in den Folgewochen stets gleichmäßig feucht. Wenn sie kräftig auszutreiben beginnen, sind sie gut eingewurzelt.

Bodenverbesserungsmaßnahmen

Neben den passenden Licht- und Wärmeverhältnissen spielt vor allem der Boden die tragende Rolle in der Kräuterkultur. Abgesehen von ganz wenigen Wasser liebenden Arten, wie Brunnenkresse, Japanischer Meerrettich und Bachminze, brauchen alle Kräuter gut durchlässige Erde, die Wasser schnell abziehen lässt. Zwar haben etliche Arten durchaus ihre Anforderungen an eine gute und gleichmäßige Versorgung mit Feuchtigkeit, aber Staunässe ist auch für sie tödlich. Schwere lehm- und tonhaltige Böden, die Nässe lange speichern, sollte man daher vor der Pflanzung von Kräutern mit grobem Sand oder feinem Kies, zumindest im Pflanzloch, durchlässiger machen. Unablässig ist das vor allem für mediterrane Kräuter. Sie brauchen gelegentlich Trockenheit und dürfen auch nicht zu nährstoffreich stehen. Die Sandbeimischung magert das Substrat gleichzeitig ab. Dafür sind die Mittelmeerkinder, allen voran der Lavendel, für gelegentliche Kalkgaben dankbar, da sie in ihrer Heimat oft auf kalkhaltigen, steinigen Böden gedeihen. Es tut ihnen gut, alle ein bis zwei Jahre eine Handvoll Magnesiumkalk (ausreichend für ein bis zwei Quadratmeter) zu erhalten. Harken Sie die pulverige Substanz oberflächlich ins Beet ein.

Sehr sandige Standorte bieten zwar vielen mediterranen Arten noch ausreichende Wachstumsbedingungen. Möchte man darauf aber anspruchsvollere Kräuternaturen wie Liebstöckel oder Minzen setzen, muss man den Boden aufbessern. Am besten mischt man reichlich Kompost darunter. Im Pflanzloch reichert man die Aushuberde bis zu einem Drittel mit Kompost an. Das verbessert die Wasserhaltekraft und die Nährstoffsituation. Auch der Zusatz von Gesteinsmehl, wie Bentonit (im Fachhandel erhältlich), ist sehr förderlich. Er erhöht die Bindigkeit der leichten Böden.

Düngen und Wässern

Sind Ihre Kräuter erst mal in der Erde, machen sie kaum noch Arbeit. In unseren Breiten genügen die natürlichen Niederschläge zur Wasserversorgung aus. Für mediterrane Zuzügler sind sie manchmal schon zu viel. Nur in lang anhaltenden Trockenperioden muss man zur Gießkanne greifen. Bei den feuchteliebenderen Arten sollte der Boden jedoch nie ganz austrocknen.

◄ Wer keinen Kompost zur Verfügung hat, kann mit organischen Düngern den Nährstoffbedarf anspruchsvoller Kräuter stillen.

Über eine Handvoll Kompost im Frühjahr (im Beet etwa ein bis zwei Zentimeter hoch aufbringen) freuen sich alle Kräuter. Einjährigen Arten und den anspruchsvollen Mehrjährigen gönnt man eine etwas größere Portion und düngt sie im Sommer noch mal nach. Wer keinen eigenen Kompost zur Verfügung hat, kann ihn sich meistens in kommunalen Großkompostieranlagen preisgünstig besorgen. Für Düngezwecke allein eignen sich jedoch auch langsam fließende organische Düngemittel aus dem Fachhandel, wie Hornspäne, Horn- oder Blutmehl sowie Algenpräparate. Ab August sollte man nicht mehr düngen. Bei verholzenden Kräuterarten gefährdet dies unnötig die Frosthärte für den Winter.

◄ Reifer Kompost ist guter Dünger und Bodenverbesserungsmittel zugleich.

Gelegentliche Kulturprobleme

Was Gießen und Düngen anbelangt, ist weniger also mehr. Probleme machen Kräuter eher bei zu guter Ernährung. Sie schießen dann ins Kraut, bilden lange, weiche Triebe, entwickeln aber kaum Aroma und Inhaltsstoffe. Insbeson-

► Die Teilung von Wurzelballen ist die einfachste Art, neue Pflanzen zu gewinnen, und zugleich eine Verjüngungskur für die Mutterpflanze.

▼ Ausläufer treibende Arten, wie die Pfefferminze, kann man leicht über abgetrennte Pflanzenteile vermehren.

dere mit stickstoffbetonten Düngern heißt es daher sparsam umgehen. Denn Stickstoff ist ein Hauptpflanzennährstoff, der vor allem zum Aufbau von Blattmasse benötigt wird.

Die wohl häufigste Ursache für Probleme in der Kräutergärtnerei ist mangelndes Licht. Besonders im Winter, in der warmen Zimmerkultur oder bei Kübelpflanzen im frostfreien Kellerquartier, treiben die Pflanzen dann helle, überlange, schwache Triebe, denen es an Standfestigkeit mangelt. Der Fachmann spricht vom »Vergeilen« der Pflanzen. Sie erhalten genug Wärme, um das Wachstum voranzutreiben, aber nicht ausreichend Licht, um entsprechend zu assimilieren und gesunde Triebe zu bilden. Hier hilft nur: Die Kräuter an ein helleres, sonnigeres Fenster umsetzen oder ein kühleres Winterquartier finden, das das Wachstum bremst. Die Kümmertriebe muss man zurückstutzen. Sie erholen sich auch unter besseren Bedingungen nicht mehr. Die Pflanzen treiben aber im Frühjahr neu durch.

Last, not least soll nicht verschwiegen werden, dass einige Kräuter auch bei Schnecken sehr beliebt sind: allen voran das Basilikum mit seinen weichen, saftigen Blättern sowie alle Sämlingsanzuchten mit ihrem frischen, zarten Grün. Auch hier ist Vorbeugung die beste Bekämpfung. Nach starken Niederschlägen harkt man die Bodenoberfläche möglichst bald etwas auf, um die Struktur feinkrümelig und durchlässig zu halten. So trocknet die Erde schneller ab. In Regenperioden kann man kleine Bretter oder flache Steine in den Beeten auslegen, unter die sich Schnecken gerne zurückziehen. Dort kann man sie in den Morgen- und Abendstunden leicht in größeren Mengen absammeln und anderswo wieder aussetzen. Weitere Schutzmaßnahmen sowie Informationen zu anderen Schädlingen und Krankheiten erläutern die Seiten 138/139.

Vermehrung

Für alle ein- und zweijährigen Kräuter stellt die **Aussaat** (siehe S. 23) die einzig mögliche Vermehrungsmethode dar. Bei ausdauernden Arten gibt es grundsätzlich verschiedene Möglichkeiten. Gute Samenbildner kann man ebenfalls aussäen. Das ist insbesondere dann sinnvoll, wenn man große Stückzahlen an Nachkommen erzielen will. Braucht man dagegen nur einige Exemplare, empfiehlt sich die **vegetative Vermehrung** über Pflanzenteile. Manche speziellen Züchtungen, etwa buntlaubige Varietäten oder bestimmte Aromavarianten bei Minzen, lassen sich sogar nur auf diese Weise sortenecht vermehren, da ihre Samen nicht alle erwünschten Eigenschaften zuverlässig weitertragen.

Die einfachste Methode ist die **Teilung** des Wurzelballens. Man gräbt den Wurzelstock mit dem Spaten aus und teilt ihn, je nach Größe, mit den Fingern, einem Messer oder dem Spaten in zwei oder mehrere Teile. Einen kann man an Ort und Stelle neu pflanzen, die anderen an neue Standorte setzen. Dieses Verfahren stellt gleichzeitig die notwendige Verjüngung der Mutterpflanze dar, die daraufhin wieder kräftig durchtreibt, während ältere Pflanzen sonst im Lauf der Zeit vergreisen. Die Teilung empfiehlt sich für Kräuterarten, die ihre Horste von Jahr zu Jahr verbreitern, wie etwa Oregano oder Melisse.

Von Minzen und Estragon kann man auch einzelne Ausläufer oder **Absenker** abtrennen und als Jungpflanze neu setzen. Absenker sind Triebe, die sich auf den Boden legen und dort Wurzeln bilden. Diesem Prozess kann man nachhelfen: Bei Salbei funktioniert das beispielsweise gut. Wählen Sie einen kräftigen, noch nicht verholzten Trieb, biegen Sie ihn zu Boden und stecken Sie ihn mit gekreuzten Stöckchen so in der Erde fest, dass sein tiefster Punkt etwa drei Zentimeter mit Erde bedeckt ist (an dieser Stelle das Laub entfernen), die belaubte Spitze sich aber wieder nach oben biegt. Zu Beginn der nächsten Saison ist er meist bewurzelt und kann verpflanzt werden. Die besten Zeitpunkte für die Teilung sind Herbst oder Frühjahr.

Stecklinge

Viele verholzende Kräuter, wie Lavendel, Salbei, Ysop, Rosmarin oder Heiligenkraut, lassen sich besonders gut über Stecklinge vermehren. Dazu schneidet man im Frühsommer (etwa Anfang Juni), wenn die Neutriebe bereits kräftig, aber noch unverholzt sind, Triebspitzen von ca. sechs bis acht Zentimeter Länge ab. Die unteren Blätter werden abgestreift und die Stängel in Aussaaterde oder ein ungedüngtes Sand-Erde-Gemisch (1:1) gesteckt. Wer möchte, kann die Stängelenden zuvor in Bewurzelungspuder stippen, das im Fachhandel erhältlich ist. Es enthält Pflanzenhormone und beschleunigt die Wurzelbildung. Das Stecklingssubstrat abschließend gut angießen und die Schalen, Töpfe oder Kästen mit durchsichtiger Folie, Plastiktüten oder Glasscheiben abdecken, um eine hohe Luftfeuchtigkeit zu erzeugen. Schließlich verdunsten die Stecklinge über die verbliebenen Blätter immer noch Wasser, können aber, solange sie noch keine Wurzeln nachgebildet haben, keinen Nachschub aus der Erde holen. Deshalb stellt man die Gefäße auch nicht zu sonnig, sondern lieber an einen halbschattigen, aber warmen Platz (etwa 25 °C) auf. Das Substrat muss man regelmäßig befeuchten. Nach zwei bis vier Wochen haben sich in der Regel Wurzeln gebildet, die Stecklinge treiben frische Blätter und können umgepflanzt werden.

▲ Für die Stecklingsvermehrung – hier Rosmarin – schneidet man kräftige, aber unverholzte Triebe ab, entfernt die unteren Blätter und steckt sie in mageres, feuchtes Substrat. Eine Plastikhaube sorgt für hohe Luftfeuchte und schützt vor zu hoher Verdunstung, bis sich Wurzeln gebildet haben.

► In sehr rauen Lagen gibt man empfindlichen mediterranen Kräutern eine Schicht Laub oder Stroh als Winterschutz und deckt sie mit Fichtenreisig ab.

Überwinterung

Die allermeisten Kräuter überstehen den Winter in unseren Breiten problemlos im Freien. Auch Minusgrade schaden ihnen nicht. In besonders rauen Lagen freuen sich jedoch einige mediterrane Einwanderer über leichte Winterschutzmaßnahmen. Etwa Currykraut, Französi-

► Man erntet am besten in den späten Vormittagsstunden – hier Liebstöckel – und sammelt das Schnittgut luftig in Körben.

scher Estragon und einige buntlaubige Thymian- und Salbeiarten deckt man dann mit einer isolierenden Lage Stroh oder Laub und Fichtenreisig ab, um sie vor Frost und Wintersonne zu schützen.

Exoten und einige wenige kälteempfindliche Südländer muss man vor den ersten Frösten einräumen. Dazu gehören Rosmarin, Zitronenverbene, Lorbeer, Duftpelargonien, Fruchtsalbei- und Strauchbasilikumarten sowie Tropenkinder wie Ingwer oder Kurkuma. Die meisten überwintern am besten in hellen, kühlen Räumen, wie Wintergärten, Treppenhäusern oder Kellern, und werden in dieser Zeit nur sehr sparsam gegossen. Tropenbewohner können auch ganzjährig warm stehen. Genaue Angaben finden Sie bei den jeweiligen Portraits.

Winterernte

Auch wenn im Winter das Kräuterwachstum Pause macht, bedeutet das nicht Aromapause in der Küche. Abgesehen davon, dass viele Einjährige, von Kresse über Dill bis Basilikum, in dieser Zeit auf der Fensterbank frisches Grün spenden, lassen sich auch etliche Mehrjährige, die im Freien überwintern, in der kalten Jahreszeit beernten. Die immergrünen mediterranen Halbsträucher, wie Salbei, Thymian, Bergbohnenkraut, Ysop und Weinraute etwa, stehen als Winterwürze frisch zur Verfügung. Auch aus Frost und Kälte geerntet, entfalten sie beim Kochen ihr typisches Aroma. Solange die Schneelast nicht zu drückend ist, bieten auch Petersilie und Rauke noch ihre Blätter an. Darüber hinaus kann man sich an den winterlichen Hausgästen, wie Rosmarin und Lorbeer, weiterhin bedienen. Lassen Sie bei der Winterernte aber Fingerspitzengefühl walten. Schließlich wachsen erst im Fruhjahr neue Triebe nach.

Schnitt und Ernte

Die beste Pflege und Verjüngung Ihrer Kräuter ist die regelmäßige Ernte von Triebspitzen oder ganzen Trieben, je nach Pflanzenart. Bei verholzenden Halbsträuchern regt das Kappen der Triebe die Verzweigung an und fördert einen schönen buschigen Wuchs. Deshalb sollte man die Kräuter auch im Frühjahr vor dem Neuaustrieb stets kräftig zurückstutzen (genaue Anleitung in den Portraits). Manchen tut sogar ein zweiter Pflegeschnitt nach der Blüte gut. Krautige Arten, deren Triebe im Winter absterben, wie Oregano oder Pfefferminze, schneidet man im Herbst oder Frühjahr komplett bodennah ab. Das hält die Pflanzen vital und bremst Wucherer etwas in ihrem Ausbreitungsdrang. Man kann von Kräutern laufend Blätter und Triebe für den täglichen Bedarf ernten. Möchte man größere Mengen für die Vorratshaltung gewinnen, empfiehlt sich als Schnittzeitpunkt der Termin, zu dem die Pflanzen den höchsten Gehalt an Aroma und Inhaltsstoffen vorweisen. Das ist von Pflanzenart zu Pflanzenart unterschiedlich und in den jeweiligen Portraits vermerkt. Einen Großteil der gängigen Küchenkräuter erntet man zu diesem Zweck jedoch kurz vor oder mit beginnender Blüte. Von einigen Würzkräutern verwendet man nicht nur Blätter, sondern auch Samen, etwa bei Dill

oder Koriander. In diesen Fällen schneidet man die Stängel kurz vor der Samenreife ab und hängt sie kopfüber über ausgebreiteten Tüchern oder Stoffsäcken auf, die die herausfallenden Körner auffangen. Anleitungen zur Wurzelernte, etwa bei Meerrettich, Wasabi, Baldrian, Ingwer oder Kurkuma, finden Sie in den Portraits.

▲ Um Kräuter ohne viel Aufwand zu trocknen, bündelt man mehrere frisch geerntete Triebe zu kleinen Sträußchen.

◄ Diese Sträußchen hängt man kopfüber an einen schattigen, warmen Ort, etwa auf den Dachboden oder in den Gartenschuppen, bis sie rascheltrocken sind.

Aroma konservieren

Wie lässt sich jedoch das köstliche, aber so vergängliche Aroma frischer Kräuterblätter einfangen und für die Wintermonate bewahren? Der schonende Umgang mit den flüchtigen ätherischen Ölen beginnt schon bei der Ernte. Wählen Sie einen warmen, sonnigen Tag für den Schnitt und ernten Sie in den Vormittagsstunden. Der Tau sollte von den Blättern getrocknet sein, die schlapp machende Mittagshitze noch nicht eingesetzt haben.

Trocknen

Eine der ältesten und nach wie vor probaten Methoden ist das schonende Trocknen der Kräuter. Viele Arten behalten dabei ihr typisches Aroma. Am besten verarbeiten Sie die Triebe wie geerntet. Beim Waschen geht näm-

lich bereits ein Teil des Aromas verloren. Kleine Verunreinigungen oder Tierchen kann man ja durch leichtes Schütteln der Triebe abklopfen. An belasteten Standorten, etwa in Straßennähe, führt natürlich kein Weg am Waschen vorbei. Gehen Sie dabei möglichst behutsam und vorsichtig vor. Tauchen Sie die Stängel nur kurz ein und trocknen Sie die Blätter anschließend sanft auf Papiertüchern. Dann bündelt man die Triebe zu kleinen Sträußen – machen Sie sie nicht zu dick, sonst trocknen sie nicht durch und faulen in der Mitte. Anschließend hängt man sie kopfüber an einem warmen, trockenen, aber schattigen und gut belüfteten Ort auf. Alternativ kann man sie auch auf Roste, Gitter oder Siebe legen, die von allen Seiten Luft an die Blätter lassen. Je nach Witterung sind sie nach zwei bis vier Wochen rascheltrocken und können in luftdichte, dunkle Gläser oder Dosen abgefüllt

► Sieht dekorativ aus und schmeckt gut: mit Kräuterstängeln aromatisierte Essige und Öle.

werden. So bleiben sie etwa ein Jahr lang verwendbar.

Schneller geht die Trocknung im Backofen. Heizen Sie ihn auf 35 °C im Umluftbetrieb an, legen Sie die Blätter auf einen Rost mit Backpapier und lassen Sie die Ofentür einen Spaltbreit offen stehen, damit die Feuchtigkeit abziehen kann. Wer regelmäßig größere Mengen trocknen will, für den lohnt sich die Anschaffung eines strombetriebenen Dörrapparates. In diesen Geräten werden mehrere Trockensiebe mit frischem Erntegut bestückt und übereinandergestapelt. Über einen Regler wird die gewünschte Trockentemperatur voreingestellt. Das Gerät saugt nun permanent frische Außenluft an, bringt diese auf Temperatur und bläst sie durch die Siebe. Die feuchte Abluft wird nach außen abgeführt.

In Essig und Öl einlegen

Bei diesem Verfahren geben die Kräuter ihre duftenden Substanzen an die Flüssigkeit ab, die sie konserviert. Stecken Sie frische Kräuterzweige (die Blätter dürfen nicht nass sein, weil sich Öl und Wasser abstoßen) in eine Flasche. Man dosiert vier bis fünf Stängel oder etwa 100 g für einen Liter Flüssigkeit. Füllen Sie die Flaschen mit einem guten Wein- oder Obstessig oder hochwertigem Oliven- oder Sonnenblumenöl auf, bis die Stängel vollständig bedeckt sind. Stellen Sie die verschlossenen Flaschen vier Wochen lang auf eine sonnige, warme Fensterbank und schütteln Sie sie gelegentlich. Öl sollte man bei Anbruch der Flasche durch ein Tuch filtern.

Einfrieren

Das Tiefgefrieren ist die beste Konservierung für Kräuter, die sich zum Trocknen nicht eignen, wie Petersilie, Dill oder Schnittlauch. Die frische Ernte muss allerdings ohne lange Liegezeit gefrostet werden. Zerkleinern Sie die Blätter und Triebe mit einem Wiegemesser, füllen Sie sie in kleine Gefrierdosen – und ab in die Tiefkühltruhe. Die Rieselfähigkeit erhält man, wenn man

das Hackgut zunächst in einer dünnen Schicht auf Tellern oder Backblechen ausbreitet, sodass die einzelnen Stückchen nebeneinanderliegen und nicht zusammenklumpen, und diese erst einmal in der Tiefkühltruhe schockfrostet. Wenn die Kräuter dann gefroren und fest sind, füllt man sie in größere Gefrierdosen ab. Portionsweise lassen sich gehackte Kräuter auch gut in Eiswürfelbehältern einfrieren. Man befüllt die Kästchen mit Grün, gibt Wasser dazu und kann die Würfel später leicht einzeln entnehmen.

▲ In Dörrapparaten stapelt man mehrere Siebe mit Kräuterblättern übereinander und trocknet sie in einem Durchgang.

◄ Befüllt man Eiswürfelschalen mit gehackten Kräutern und gibt ein paar Tropfen Wasser dazu, kann man die Würze einfrieren und später portionsweise herausnehmen und zum Kochen verwenden.

Ein- und Zweijährige

► Unter den Ein-
und Zweijährigen
trifft man viele Stan-
dardkräuter sowie
farbenfrohe Blüher,
etwa den Borretsch.

Ein- und Zweijährige

Sie sind nicht wegzudenken aus unserer Küche. In diese Gruppe gehören viele unverzichtbare und traditionsreiche »Kräuterklassiker«. Als einjährige Pflanzen durchlaufen sie ihren ganzen Lebenszyklus in einer Saison und sterben dann ab. Für dauerhaften Genuss muss man sie also immer wieder neu nachsäen, was glücklicherweise sehr einfach gelingt. Die meisten dieser Arten gedeihen nicht nur im Garten gut, sondern auch problemlos im Topf auf dem Balkon oder sogar in Zimmerkultur auf der Fensterbank. Sie wollen dabei allerdings sehr hell und warm stehen. Im Sommer jedoch ist pralle Mittagshitze hinter Glas zu viel des Guten. Zweijährig wächst eigentlich nur die altbekannte Petersilie. Sie bildet im ersten Jahr nur Blätter, im zweiten schiebt sie Blütenstängel.

▲ Kerbel (*Anthriscus cerefolium*) wird 30 bis 60 cm hoch. Die zarten, gefiederten Blätter haben ein süßliches Anisaroma.

► Das einjährige Bohnenkraut (*Satureja hortensis*) steht gern auf warmen, humosen Plätzen – 30 bis 40 cm hoch.

◀ Ganz im Trend der Zeit: das nussig-scharfe Aroma der Rauke, besser bekannt als Rucola. Die einjährige Form *(Eruca sativa)* bildet nur leicht gelappte Blätter und schmeckt etwas milder als die ausdauernde Schwester (S. 101) mit stark gezacktem, löwenzahnähnlichem Laub.

▶ Dill *(Anethum graveolens)* kann je nach Standort und Sorte bis zu 150 cm Höhe erreichen. Für die Topfkultur bietet der Fachhandel spezielle kompaktere Varietäten an.

▼ Von der Petersilie *(Petroselinum crispum)* gibt es glattblättrige und krause Sorten. Sie braucht gleichmäßig feuchte Erde.

▲ Dickfleischige verästelte Stängel und saftige Blätter sind das Markenzeichen des Portulaks *(Portulaca oleracea)*. Die Vitamin- und Mineralstoffbombe wird wieder populär.

▼ Die anspruchslose Kresse *(Lepidium sativum)* keimt im Zimmer sogar auf feuchter Watte. In den Garten sät man sie ab März.

▲ Die Gartenmelde *(Atriplex hortensis)*, hier die rotblättrige Sorte 'Rubra', ist eine uralte Kulturpflanze. Ihre Vitamin-C- und eisenhaltigen Blätter schmecken als Salat und als spinatähnliches Gemüse; Höhe 20 bis 100 cm.

► Majoran (*Origanum majorana*) liebt warme, sonnige Plätze und nährstoffreichen Boden. Unter günstigen Bedingungen wird er bis zu 40 cm hoch. Er gedeiht aber auch im Topf und sieht mit seinen behaarten Blättern und den kugeligen Blütenknospen immer hübsch aus.

◄ Kapuzinerkresse (*Tropaeolum majus*) kennen viele eher als Zierpflanze. Die jungen Blätter schmecken pfeffrignussig und sind sehr gesund. Es gibt viele Sorten: kletternde und hängende sowie kompakt wachsende mit 30 bis 40 cm Höhe, einfach und gefüllt blühende, in Gelb, Orange und Rot.

Kräuterpraxis

Aussaat in den Garten

Alle vorgestellten Arten dieser Gruppe sind recht robuste Gartenkräuter. Man kann sie im Frühjahr direkt ins Beet säen. Der beste Zeitpunkt dafür hängt von der Art ab: Im März kann man mit Petersilie, Kerbel und Kresse loslegen. Ab April folgen Dill, Gartenmelde und Rauke, im Mai Kapuzinerkresse, Portulak und Bohnenkraut. Nur mit dem Majoran sollte man bis nach den Eisheiligen warten. Petersilie und Rauke kann man auch im Spätsommer noch säen. Lockern Sie den Boden gut auf und entfernen Sie alle Unkräuter. Anschließend die Oberfläche glatt ziehen, Samen streuen und mit Erde abdecken. Majoran, Portulak und Bohnenkraut allerdings nur hauchdünn, sie gehören zu den Lichtkeimern. Das Beet vorsichtig angießen und bis zur Keimung gleichmäßig feucht halten.

▼ Aussaatgefäße mit Erde befüllen, die Samen aufstreuen und leicht andrücken. Gut befeuchten und gleichmäßig feucht halten. Eine Abdeckung sorgt für hohe Luftfeuchte.

Aussaat in Gefäße

Wer jedoch im Frühjahr nicht so lange warten will oder wer gar keinen Garten besitzt, zieht sich seinen Kräutervorrat auf der Fensterbank an. Gerade die Ein- und Zweijährigen sind dafür prädestiniert. Manche der eher weichblättrigen Würzklassiker entwickeln sich in der Topfkultur sogar besser, etwa Kerbel, Kresse, Dill, Bohnenkraut und oft sogar Petersilie.

Am besten sät man gleich in die Kästen oder Töpfe, in denen die Pflanzen später weiterwachsen sollen. Man kann jedoch auch Saatschalen oder Zimmergewächshäuser zur Anzucht verwenden, muss die Keimlinge dann allerdings nach dem Auflaufen pikieren, also in tiefere und größere Gefäße umsetzen. Bei der Saat in den endgültigen Topf können Sie für die Kräuter dieser Gruppe normale Blumenerde

verwenden, denn alle schätzen eine gute Nährstoffversorgung und kommen mit den aufge-
düngten Substraten gut zurecht. Nur für den
Portulak sollte man etwas Sand untermischen.
Alle Pflanzgefäße müssen über Wasserabzugslöcher verfügen. Füllen Sie zuunterst eine
Schicht aus Blähton, Tonscherben oder Kies
als Drainage ein. Je nach Gefäßhöhe darf sie
ein bis fünf Zentimeter hoch ausfallen. Darauf
kommt die Erde. Streuen Sie die Samen nicht
zu dicht, wenn die Pflanzen im Topf verbleiben
sollen. Nur Kresse und Kerbel stehen später
gerne eng. Drücken Sie Saat und Substrat leicht
mit den Fingern an und sieben Sie anschließend
eine Schicht Erde darüber. Mit einer Sprühfla-
sche oder einer feinen Brause gut befeuchten
und bis zum Auflaufen feucht halten.

In der Zimmerkultur ist es besonders wichtig,
die Saatgefäße mit einer Plastiktüte oder
-haube abzudecken, damit die Keimlinge die
nötige Luftfeuchtigkeit erhalten. Erst wenn die
Blätter sprießen, wird ab und an gelüftet. Die
Keimdauer ist artabhängig. Kresse geht innerhalb von zwei Tagen auf, Petersilie kann auch
mehrere Wochen brauchen.

Der richtige Standort

Bohnenkraut, Majoran und Portulak bevorzugen sonnige Plätze. Alle anderen vorgestellten
Kräuter lieben es sonnig bis halbschattig. An die
Nährstoffversorgung stellen Sie etwas höhere
Anforderungen als manch andere Kräuter. Der
Boden sollte daher humos und frisch bis leicht
feucht sein. Nur Majoran und Portulak haben es
gerne etwas durchlässiger und fühlen sich auch
auf sandigerer Erde wohl.

Für Topfkräuter, die auf dem Balkon oder der
Terrasse die Sommerfrische verbringen, gelten
natürlich die gleichen Vorlieben. Das heißt, ein
Ost- oder Westbalkon bekommt den Einjährigen mit ihrem Anspruch auf gute Wasserversorgung oft besser als ein vollsonniger und
heißer Südbalkon, auf dem Töpfe und Kästen
schnell austrocknen. Ähnliches gilt für die
sommerliche Zimmerkultur. Am Südfenster

verbrennt das weiche Laub von Kerbel oder
Dill sehr schnell. Teilen Sie ihnen lieber andere
Lagen zu, nur hell und warm muss es sein.

Gute Pflege

Regelmäßiges Gießen stellt die wichtigste Pflegemaßnahme dar. Die Kräuter dieser Gruppe
haben saftig grüne, zum Teil sehr weiche Blätter,
die viel Wasser verdunsten. Für Nachschub
muss daher stets gesorgt sein, sonst kommt es
rasch zu Trockenschäden. Andererseits gilt es,

▲ Eine gute und
gleichmäßige Was-
serversorgung ist
für alle Einjährigen
wichtig. Gerade
»hinter Glas«
trocknen Töpfe
schnell aus.

Kapern mal anders!

**Überraschen Sie Freunde und Familie doch
mal mit einer pikanten und nicht alltägli-
chen Beilage. Aus den noch geschlossenen
Blütenknospen der Kapuzinerkresse (auch
des Portulaks) oder deren noch nicht ausge-
reiften grünen Samenkapseln lässt sich ein
leckerer Kapernersatz herstellen.
Waschen Sie sie nach dem Pflücken ab und
salzen Sie sie reichlich ein. Etwa 24 Stunden
ziehen lassen. Danach mit Wasser abspülen.
Essig zum Sieden bringen und über die
»Kapern« gießen, evtl. mit Senfkörnern und
Lorbeer verfeinern. Die Gläser sofort luft-
dicht verschließen. Nach rund einer Woche
sind sie genussfertig.**

- Kapuzinerkresse verscheucht Blutläuse von Obstbäumen.
- Borretsch schützt Kohl und Gurken vor dem Kohlweißling.
- Kresse verstärkt das Aroma bei Radieschen.
- Petersilie bildet mit Tomaten ein gutes Team und wirkt auch zwischen Zwiebeln günstig.
- Kerbel vertreibt Ameisen und Blattläuse vom Salat.

TIPP **Achtung Süßmäuler, Kalorienbewusste und Diabetiker!**
Erweitern Sie Ihren Topfgarten doch mal um eine faszinierende Spezialität. Das Süßkraut *(Stevia rebaudiana)* enthält einen hoch wirksamen natürlichen Süßstoff, der in Südamerika traditionell zum Süßen von Tee (ein Blatt genügt für eine Tasse) verwendet wird. In vielen Ländern setzt man diesen chemie- und kalorienfreien Zuckerersatz sogar in der Lebensmittelherstellung ein. Die nicht winterharte subtropische Staude hält man bei uns am besten wie Einjährige im Topf und erntet sie im Oktober ab.

▲ Die richtige Mischung macht's! Pflanzenarten, die sich »grün sind«, begünstigen sich gegenseitig im Wachstum.

»Fußbäder« zu vermeiden. Wie nahezu alle anderen Kräuter reagieren auch die Einjährigen auf Staunässe empfindlich. Sie faulen schnell und sterben dann ab.

Bei der kurzen Kulturzeit der Einjährigen sind zusätzliche Düngemaßnahmen in der Regel überflüssig. In der Topfkultur hält die Grunddüngung des Substrats vor. In der Gartenkultur kann man vor der Aussaat den Boden mit etwas Kompost verbessern.

Förderliche Mischkultur

Ihre wohltuende Wirkung entfalten Kräuter nicht nur in der Küche. Vielmehr machen sie auch das Miteinander im Beet bekömmlicher. In bewährter bäuerlicher Mischkultur fördern und unterstützen sich bestimmte Pflanzpartner gegenseitig in Wachstum und Entwicklung. Gerade Kräuter, und darunter viele Einjährige, schützen Gemüsekulturen vor so manchem Schädling und verbessern Wachstum, Aroma und Geschmack. Es lohnt sich, bei der Standortplanung daran zu denken. Hier einige Beispiele für positive Kombinationen:

- Bohnenkraut schützt Bohnen vor Blattläusen.

◄ Kressesamen keimt sogar auf feuchter Watte in kürzester Zeit. Damit eignet sich das grazile Kraut für vielfältige Dekorationsideen – wie diesen Ostergruß.

- Dill lässt Gurken, Zwiebeln und Möhren gut gedeihen.
- Ringelblumen halten die Lauchmotte vom Lauch fern.

Reiche Ernte

Für die Verwendung in der Küche erntet man bei den Ein- und Zweijährigen laufend frische junge Blätter oder Triebe. Bevor die Pflanzen zur Blüte kommen, kann man sie auch komplett abernten, da der Geschmack danach nachlässt. Bohnenkraut und Majoran eignen sich auch zum Trocknen. Dazu schneidet man die ganze Pflanze, kurz bevor die Blütenknospen sich öffnen, komplett ab, bündelt sie zu Sträußen und hängt sie kopfüber zum Trocknen auf. Dill kann man auch abblühen lassen und die Samen ernten. Damit würzt man z. B. Einmachgurken.

Probleme in der Zimmerkultur

Zieht man Kräuter im Haus, ist der begrenzende Faktor meist das Licht. Stellen Sie die Töpfe daher immer an ein helles Fenster. In den kühleren Monaten kann die Kombination Lichtmangel und trockene Heizungsluft die Pflanzen mächtig stressen. Sie werden dann anfällig für Schädlinge, vor allem für Blattläuse und Spinnmilben. Haben Sie in dieser Zeit ein besonderes Auge auf die Kräuter und kontrollieren Sie sie öfter auf einen möglichen Befall.

Kresse rund ums Jahr

Ganz unproblematisch funktioniert die Kresseanzucht. Sogar in den Wintermonaten liefert sie zuverlässig frisches Grün, das viel Vitamin C enthält. Die Samen keimen ganz leicht. Ihnen genügt sogar feuchte Watte oder Küchenkrepp als »Aussaatsubstrat«. Legen Sie es in eine flache Schale, stellen Sie diese an ein helles Fenster in einem warmen Raum und schon nach ein bis zwei Tagen geht die Saat auf. Man kann den Keimlingen förmlich beim Wachsen zuschauen. Der Fachhandel bietet witzige und ausgefallene Keimgefäße, wie »Kresseigel« und dergleichen, an. Aber auch für eigene Dekorationsideen ist das anspruchslose Grün geeignet.

◄ Die Bedingungen in der Zimmerkultur machen Kräuter anfälliger für Schädlinge, z. B. Blattläuse.

Expertentipps

1 **Dekorative und essbare Blüten**

Bei allem berechtigten Interesse für die aromatischen Blätter: Unter den Ein- und Zweijährigen gibt es auch spektakuläre Blüher. Etliche bieten dabei nicht nur im Garten einen farbenfrohen Genuss für das Auge, sondern erfeuen auch den Gaumen. Denn sie sind ebenso essbar wie die Blätter der Kräuter. Dabei taugen sie zu mehr als peppigen Dekorationseffekten **1a**, z.B.:

Kapuzinerkresse (zu Salat und Quark, die Knospen als Kapernersatz **1b**, siehe Rezept S. 39), Dill (zum Einlegen von Gurken), Kerbel (zur Suppe), Borretsch (zu Salat), Muskatellersalbei (Blätter in Eierteig ausbacken), Gänseblümchen (zu Salat, die Knospen als Kapernersatz wie bei der Kapuzinerkresse), Ringelblumen (einzelne Röhrenblüten auf Salat oder in Suppen mitkochen zum Färben, auch als Tee), Kamille (zu Salat und als Tee), Gewürztagetes (zu Salat und Süßspeisen).

1b

2 **Selbstunverträglichkeit**

Ist Ihre letzte Petersilienaussaat im Beet gut gewachsen und die neue entwickelt sich nicht recht, obwohl sie an gleicher Stelle steht? Kein Wunder: Vermutlich gedeiht sie gerade deswegen schlecht. Petersilie ist nämlich selbstunverträglich. Sie müssen also für jede neue Aussaat den Standort wechseln. Die Pflanzen laufen sonst schlecht auf und kümmern; es kommt zu Wuchshemmungen.

3 **Rege Selbstaussaat**

Bei einigen Arten funktioniert die Aussaat für den Geschmack mancher Hobbygärtner dagegen sogar zu einfach. Denn Borretsch **3a**, Rauke, Kerbel, Portulak und Gartenmelde neigen, sofern ihnen der Standort gefällt, zu üppiger Selbstaussaat. Einmal gesät, hat man sie oft über Jahre hinweg im Garten, obwohl sie ja eigentlich nur einjährig gedeihen. Aber die zahlreichen Samen einer Genera-

1a

3a

3b

tion werden im Garten durch Wind oder tierische Mithilfe verteilt und gehen im Folgejahr überall von alleine wieder auf **3b** – manchmal auch dort, wo man es nicht möchte. Andererseits spart das auch Geld (für Samen) und Aussaatarbeit. Jäten Sie die Keimlinge einfach an den »unmöglichen« Stellen, aber freuen Sie sich an einigen »Selbstständigen«. Sie entwickeln sich oft besonders prächtig, da sie sich ja ihren optimalen Platz selbst ausgesucht haben.

4 Lange Keimzeit

Keimt sie oder keimt sie nicht? Diese Frage stellt sich manchmal nach der Aussaat von Petersilie. Unser Küchenklassiker hat von Haus aus eine sehr lange Keimzeit. Meist 14 Tage, aber man kann auch fünf Wochen warten. Je ungünstiger die Witterungsbedingungen, desto länger dauert es. Geduld ist also gefragt, vor allem auch im lichtarmen Winter bei der Aussaat auf dem Fensterbrett. Wer in der Freilandkultur Bedenken hat, zu »vergessen«, wo sich die Saatreihen befinden, oder Angst, die ersten Keimspitzen mit dem Unkraut zu entfernen, kann einige Radieschen als »Marker« dazwischensäen. Sie keimen sehr schnell.

5 Petersilienwelke

Stimmen Standort und Pflege, sieht Ihre Petersilie im Beet aber dennoch gelblich und krank aus, kann es an Nematoden im Boden liegen. Das sind winzige Wurzelälchen, die an den unterirdischen Pflanzenteilen saugen. Setzen Sie Tagetes oder Ringelblumen zwischen die Reihen, sie vertreiben die ungebetenen Gäste. In der Topfkultur zeugen die vergilbenden Blätter entweder von ausgetrockneter Erde oder umgekehrt von Staunässe. Oft stehen die Pflanzen auch zu eng.

4

Basilikum

▶ Zarte Blätter mit
unnachahmlichem
Aroma – Basilikum
ist in der Küche
unersetzlich.

Basilikum

Basilikum

Basilikum *(Ocimum basilicum)* gehört zu den bekanntesten und beliebtesten Würzkräutern. Sein einzigartiges Aroma kommt am besten bei der Verwendung frischer, ungekochter Blätter zum Tragen. In der mediterranen Küche, vor allem der italienischen, ist es einfach unverzichtbar, etwa als Beilage zu Mozzarella, Tomaten, Salaten oder als Grundlage für leckeres Pesto. Ursprünglich stammt es jedoch aus den tropischen Regionen Asiens und Afrikas. Das erklärt den hohen Anspruch an die Wasserversorgung und die Wärmebedürftigkeit. Die weichen zarten Blätter verdunsten viel Feuchtigkeit und leiden unter schlechten Witterungsverhältnissen schneller als manch anderes Kraut. Aussehen und Größe der Pflanzen variieren stark von Sorte zu Sorte und die Vielfalt der Varietäten ist immens. Es gibt kleinblättrige und großlaubige, krause und glattblättrige, grüne und rote Varianten. Hinzu kommen ausgefallene Aromanoten, wie z. B. beim Zimt- oder Anisbasilikum. Die meisten gedeihen einjährig, so auch das »Standard-Basilikum«, die Sorte 'Genoveser'. Es gibt jedoch auch mehrjährige Arten und Sorten, die zum Teil sehr stattliche Sträucher bilden können. Sie werden bei uns jedoch nur in Kübelkultur, bei frostfreier Überwinterung, mehrere Jahre alt. Basilikum entwickelt vierkantige Stängel und blüht von Juli bis September weiß oder rosa.

▼ Am verbreitetsten ist die raschwüchsige, bis 60 cm hohe Sorte 'Genoveser' mit den großen gewölbten Blättern.

► Ein Genuss für Auge und Gaumen ist das rotblättrige 'Red Rubin'. Es zeigt sich etwas herber im Geschmack als das 'Genoveser'.

◀ 'African Blue' gehört zu den mehrjährigen Basilikumvarianten. Mit der Zeit verholzt der Strauch; er wird bis zu 100 cm hoch.

◀ Eine dekorative Abwechslung zwischen anderen Basilikumsorten bietet das krausblättrige, wüchsige 'Green Ruffles'. Es lässt sich gut zu Pesto verarbeiten.

▼ Das Griechische Basilikum mit seinen winzigen Blättchen dient in Griechenland als Topfpflanze zur Insektenabwehr.

Kräuterpraxis

Standortansprüche und Pflege

Basilikum benötigt zum guten Gedeihen viel Licht und Wärme, ausreichend Wasser und einen guten humosen, lockeren Boden. Er darf gern mit etwas Kompost oder anderen Langzeitdüngern aufgedüngt sein. Pflanzen Sie Basilikum im Freien windgeschützt. Zugige Lagen bekommen ihm nicht. In der Freilandkultur hängt der Erfolg der Basilikumanzucht in erster Linie von der Wärme- und Wasserversorgung ab.

Jungpflanzen setzt man nicht vor Mitte Mai ins Beet. Bleiben die Temperaturen längere Zeit unter 10 °C, kapituliert das zarte Kraut in der Regel. Sonne als »Heizung« ist gut, zu viel pralle Mittagssonne kann bei großlaubigen Sorten aber auch zu Verbrennungen führen. Außerdem sollte die Erde nie austrocknen. Auf sehr reichliche Niederschläge oder gar Staunässe reagiert Basilikum aber ebenfalls empfindlich. Kurz: In unserem Klima ist die Topfkultur meist erfolg-

► Die meisten Basilikumarten und -sorten sind wärmebedürftig und nässeempfindlich; sie gedeihen in unseren Breiten oft am besten in Töpfen.

reicher. Bei ungünstiger Witterung stellt man die Pflanzgefäße einfach an einen geschützten Ort um. Basilikum lässt sich genauso ohne Weiteres, wie die anderen Einjährigen, ganzjährig auf der hellen, warmen Fensterbank halten. Auch im Topf stets regelmäßig gießen und immer gleichmäßig feucht halten.

Strauchbasilikum überwintern

Die mehrjährigen Sorten hält man besten im Kübel, so lassen sie sich bei Zeiten problemlos ins Winterquartier räumen. Stellen Sie sie in

Leckeres Pesto

Ernten Sie zwei Töpfchen Basilikum komplett ab oder holen Sie die entsprechende Menge aus dem Garten. Geben Sie die grob zerkleinerten Blätter zusammen mit einem Achtel Liter Olivenöl, zwei Knoblauchzehen und Salz in ein Gefäß und pürieren Sie das Ganze zu einer breiigen Masse. 25 Gramm Pinienkerne ohne Fett in einem Pfännchen leicht anrösten, zum Pesto geben und ebenfalls pürieren. 80 Gramm Parmesan raspeln und unterrühren. Das Ganze eventuell mit etwas Wasser verdünnen und mit Salz und Pfeffer nach Gusto abschmecken.

einen hellen Raum bei 15 bis 20 °C auf und halten sie stets nur leicht feucht.

Vermehrung

Einjährige Arten und Sorten zieht man durch Aussaat an. Man kann ab Mitte Mai bis Ende Juli direkt ins Freiland säen oder zieht die Pflänzchen ab März auf der Fensterbank oder in einem Gewächshaus vor. Mehrjährige Arten vermehrt man am leichtesten über Stecklinge. Manche Sorten, z. B. 'African Blue', setzen gar keine Samen an.

Schneckenschutz

Basilikum ist mit seinen weichen, saftigen Blättern leider auch bei Schnecken sehr beliebt. Vor allem die zarten Jungpflänzchen sollte man im Auge behalten. Morgens lassen sich die schleimigen »Mitesser« leicht absammeln. Als biologische Bekämpfungsmittel kommen Schneckenzäune oder Bierfallen in Betracht, auch ein Ring aus Sägespänen kann die Pflanzen schützen. Beim Einsatz chemischer Bekämpfungsmittel sollte man nützlingsschonende Präparate wählen.

◄ Die ausdauernden Strauchbasilikumarten hält man immer im Kübel. So lassen sie sich im Winter leicht einräumen.

▲ In der Freilandkultur sollte man Basilikum einen geschützten, warmen Platz auf nahrhaftem Boden zuweisen.

◄ Basilikum ist ein Leckerbissen für Schnecken und braucht manchmal Schutzmaßnahmen.

Expertentipps

1 Einkauf und Sortenwahl

Für welche Sorte aus dem riesigen Sortiment entscheidet man sich? Machen Sie die Auswahl auch davon abhängig, welche Kulturmöglichkeiten Sie haben. Mehrjährige brauchen den richtigen Platz zum Überwintern im Haus. Kann ich im Garten die Standortansprüche erfüllen oder bleibt für das Basilikum nur der Platz auf der Fensterbank? Für letzteres kann man auch auf vorgezogene Pflanzen zurückgreifen, wie sie in Supermärkten angeboten werden. Für das Auspflanzen ins Beet sind diese, meist in Gewächshäusern vorkultivierten, Pflanzen oft zu verwöhnt.

2 Die richtige Ernte

Um Basilikum zu ernten, kneift man am besten immer wieder die Triebspitzen ab, und zwar direkt oberhalb eines Blattansatzes. Das regt die Pflanze zur Verzweigung an und sorgt für schöne kompakte Büsche. Außerdem verhindern Sie mit regelmäßiger Ernte die Blüte. Das ist sinnvoll, denn nach der Blüte bildet Basilikum keine neuen Blätter mehr und bietet damit keinen Küchennachschub. Erntet man nur einzelne Blätter, entfällt diese »Blütenbremse«. Schneidet man die Stängel bodennah ab, treiben die einjährigen Pflanzen meist nicht mehr neu durch.

3 Dauerkultur im Frühbeetkasten

Als guter Basilikumstandort, um den Dauer-
bedarf zu decken, erweist sich der Frühbeetkasten. Hier kann man nicht nur zeitiger in
der Saison mit der Aussaat beginnen, sondern die Pflanzen in ungünstigen Witterungs-
perioden auch besser vor kühlen Temperaturen und zu viel Nässe schützen. An sonnigen
Tagen ist die Abdeckung jedoch unbedingt zu
öffnen, damit die Pflanzen unter dem Glas
nicht verbrennen. Ist eine Generation abge-
erntet, kann man laufend nachsäen, bis in den
Hochsommer hinein. Denn der Schutz des
Kastens verlängert die Standzeit auch am Sai-
sonende bis in die Frosttage hinein.

4 Schutz unterm Regendach

Ein Trick für Basilikumfans in niederschlags-
reichen Regionen ist das Unterstellen der
Kräutertöpfe unter durchsichtige Dächer.
Glas- oder Plexiglasdächer, wie sie zum
Schutz vor Regen oft über Hauseingängen
oder Dachterrassen angebracht werden, bieten auch dem nässeempfindlichen Basilikum
einen idealen Schirm. Sie lassen das nötige
Licht passieren, bewahren die Töpfe aber
vor zu viel Wasser von oben. So können die
zarten Blätter auch Schlechtwetterperioden
heil überstehen.

5 Basilikumwelke

Erhalten Basilikumpflanzen zu viel Wasser,
sei es durch übermäßiges Gießen oder durch
hohe Niederschläge, lassen die Pflanzen ihre
Blätter schlaff nach unten hängen. Oft ver-
bräunt der Stängel. Diese Welkesymptome
gehen auf den Befall mit Pilzen zurück. Sie
finden unter luft- oder bodenfeuchten Verhältnissen die idealen Lebensbedingungen.
Man kann die Pflanzen dann nur noch ent-
sorgen. Die beste Vorbeugung ist: vor Nässe
schützen.

Salbei

▶ Der Küchensalbei
(*Salvia officinalis*)
gehört zu den an-
spruchslosesten
und pflegeleichtes-
ten Gartenkräutern.
Es gibt ihn auch in
vielen buntlaubigen
Varianten.

Salbei

Der Salbei ist <u>das</u> Heilkraut schlechthin und bietet noch dazu alles, was das Gärtnerherz begehrt: Er ist überaus dekorativ in Blatt und Blüte, erfreut durch absolute Pflegeleichtigkeit und überrascht mit einer ungeheuren Sortenvielfalt. Rund 800 Salbeiarten existieren weltweit, der Küchensalbei *(Salvia officinalis)* ist der bekannteste Vertreter. Er stammt aus der östlichen Mittelmeerregion, wo er an heiße, trockene Sommer und magere, kalkhaltige Böden gewöhnt ist. Vermutlich kam er mit den Römern über die Alpen. Seither ist er aus Kloster- und Bauerngärten nicht mehr wegzudenken. Seine Karriere verdankt er einmal seinen Heilkräften – Salbei wirkt antiseptisch, krampflösend, schweiß- und entzündungshemmend und gegen allerlei weitere Zipperlein. Darüber hinaus macht der zierliche, anspruchslose Halbstrauch aber auch als Zierpflanze Furore. Seine ovalen Blätter sind leicht behaart und setzen mit ihrem Graugrün auffällige Kontraste ins Beet. Darüber hinaus gibt es allein vom Küchensalbei eine große Palette an buntlaubigen Sorten, von gelb- oder weiß-panaschiert bis purpur überhaucht, die das Kraut zu einer beliebten Blattschmuckpflanze für den Ziergarten beförderten. Aber auch unter den übrigen Arten findet man echte Highlights, etwa den zweijährigen Muskatellersalbei, der zu einem stattlichen Blütengiganten heranwächst. Anderen Kontinenten, vor allem Amerika, verdanken wir Salbeiarten mit sehr fruchtigen Aromen, wie den Ananassalbei oder den Honigmelonensalbei, die sich von den sonst eher herb-balsamischen Salbeidüften abheben. Arten aus tropischen und subtropischen Regionen blühen bei uns im Winter auf der Fensterbank oder im Wintergarten.

▼ Für die Küche und als graue Eminenz im Beet gehört die Salbeisorte 'Berggarten' zu den besten Sorten.

▶ Die blauvioletten Blüten erscheinen von Juni bis August. *S. officinalis* wird 30 bis 50 cm hoch, mit Blüten rund 70 cm.

◄ Die krausblättrige Variante 'Crispa' sieht nicht nur gut aus, sie bildet sehr dicht verzweigte Büsche, die reichlich Würzmaterial liefern.

▼ Der Goldblattsalbei lässt die Sonne auch an trüben Tagen scheinen. Er passt gut ins Zierbeet, als Untermalung zu gelben Blühern.

▼ Die Sorte 'Purpurascens' färbt ihre jungen Triebe und Blätter violett ein. Dieses Farbspiel harmoniert gut mit rosafarbenen und purpurvioletten Beetpartnern.

▼ Ananassalbei *(S. rutilans)* wird bis 100 cm hoch und steht gern halbschattig und feucht. Sein Aroma steckt in den Blättern. Die Blüten sind essbar; er öffnet sie von Oktober bis Dezember im Haus.

▲ Der Kanarische Salbei *(S. canariensis)* fällt durch seine rot-violetten Blütenstände und die pfeilförmigen Blätter auf. Der 80 bis 100 cm hohe Dauerblüher ist bei uns nicht frosthart.

► Der Fruchtsalbei *(S. dorisiana)* stammt aus den Tropen und benötigt humus- und nährstoffreiche Erde. Seine Zimmerlinden ähnlichen Blätter duften fruchtig, Unter einer Pflanzenleuchte treibt er im Winter im Zimmer rosarote Blüten; Höhe ca. 150 cm.

▼ Der Muskatellersalbei *(S. sclarea)* gedeiht zweijährig, ist frosthart und wird bis zu 150 cm hoch. Die Blüten sind mit lila Hüllblättern umgeben, die sehr lange halten und für Farbe sorgen.

Kräuterpraxis

Sonnig-trockener Standort

Als typisches mediterranes Kraut liebt der Küchensalbei *(S. officinalis)* vollsonnige, heiße Standorte im Garten. Der Boden muss durchlässig sein, gerne kalkhaltig, am besten sandig oder etwas steinig. Er darf sogar gelegentlich austrocknen. Das macht dem Salbei nichts aus. Kurz: Wo viele Blütenstauden kapitulieren, läuft der Salbei erst zur Hochform auf. Gut bekommt ihm die Nähe zu Steinen, die tagsüber Wärme speichern und nachts abgeben, etwa in Stein-

gärten oder vor Terrassenmauern. Er wächst selbst noch in den Fugen von Trockenmauern. Pflanzen Sie Salbei im Frühjahr aus. Magern Sie dabei gute, humose oder lehmige Gartenböden unbedingt ab, indem Sie die Erde im Pflanzloch zu einem Drittel mit grobem Sand oder Splitt versetzen. Danach macht Ihr Salbei kaum noch Arbeit. In puncto Wasser- und Düngerversorgung ist weniger mehr. Zu viel verursacht weiche, instabile Triebe und reduziert das Aroma. Wässern Sie nur nach lange anhaltenden Trockenperioden, wenn die Blätter hängen. In rauen Lagen ist der Wärme liebende Halbstrauch für etwas Winterschutz dankbar. Häufeln Sie trockenes Laub oder etwas Erde um die Pflanzenbasis an. Im Frühjahr zurückstutzen.

Einkauf und Sortenwahl

Für den Küchengebrauch wählt man am besten normale, graulaubige Salvia-officinalis-Sorten,

► Salbei liebt durchlässige, steinige und kalkhaltige Böden. Er gedeiht auch gern auf Trockenmauern.

TIPP **Ernte sogar im Winter!**
Der Küchensalbei gehört zu den immergrünen Pflanzen. Seine schmucken grauen Blätter haften auch in der kalten Jahreszeit am Strauch und lassen sich für den Küchengebrauch ernten. Sie entfalten ihr Aroma beim Kochen auch, wenn sie aus der Kälte kommen. Natürlich sollte die Ernte im Winter mit Fingerspitzengefühl erfolgen. Die Pflanze treibt ja in dieser Zeit keine neuen Triebe nach. Am besten zwicken Sie nur einzelne Blättchen ab. Erst im ausklingenden Winter kann man auch kräftiger zugreifen, denn vor dem Neuaustrieb sollten die Pflanzen ohnehin einen Rückschnitt erhalten.

Pasta mit Salbeibutter

Ein ausgesprochen leckeres und dabei sehr schnell und einfach zuzubereitendes Gericht sind Nudeln mit Salbeibutter. Ernten Sie eine Handvoll frische Salbeiblätter. Lassen Sie etwa ein halbes Päckchen Butter in einem kleinen Topf schmelzen und geben Sie die Salbeiblätter dazu. Mit Salz und Pfeffer würzen und die Kräuterblätter solange in der heißen Butter schwenken, bis sie leicht knusprig werden. Zum Schluss etwas Muskatnuss darüberreiben und das Ganze über gekochte Pasta gießen.

wie 'Berggarten' oder den Dalmatinischen Salbei *(S. officinalis* subsp. *major),* der kaum blüht, dafür umso mehr Blätter bildet. Auch die krausblättrige Variante 'Crispa' wächst ausgesprochen buschig und ist dicht belaubt. Für Töpfe und Balkonkästen eignet sich die kompakte Zwergform 'Nana' sehr gut. Sie wird nur rund 30 cm hoch. Sollen die Pflanzen im Freien stehen, empfiehlt es sich, die Kräuter beim Gärtner zu kaufen, wo sie bereits entsprechend abgehärtet wurden. Für die Fensterbankkultur kann man auch auf Supermarktware zurückgreifen. Kräuterspezialbetriebe mit großem Sortiment, die ihre Ware bundesweit versenden, finden Sie im Anhang dieses Buches. Sie führen eine große Auswahl an Raritäten und Zierformen (siehe Foto), wobei sich Nutzen und Zierde nicht ausschließen. Die buntblättrigen Sorten des Küchensalbeis sind ebenso als Würze verwendbar wie die Grundform. Beim Kauf exotischer Salbeiarten gilt es, von vornherein zu bedenken, dass sie im Winter einen geeigneten Platz im Haus beanspruchen. Einige davon werden sehr stattlich. Ihre Blätter eignen sich für fruchtige Tees.

Lange Ernte

Salbei lasst sich laufend beernten. Verwenden Sie junge Blätter oder Triebspitzen frisch. Man kann ihn auch gut trocknen. Schneiden Sie dazu unverholzte Triebe vor der Blüte. Breiten Sie sie auf ein Sieb zum Trocknen aus oder binden Sie kleine Sträuße, die Sie kopfüber an einem warmen, luftigen, aber unbesonnten Platz aufhängen. Sobald sie rascheltrocken sind, können Sie sie in Gefäße abfüllen und als Würze oder Teedroge verwenden.

Spinnmilben

Bei der Kultur von Salbei im Zimmer treten mitunter Spinnmilben auf. Die winzigen rötlichen Tierchen sitzen an den Blattunterseiten. Oft erkennt man nur ihr weißes Gespinst an den Trieben. Hohe Luftfeuchtigkeit beugt dem Befall vor. Abhilfe schafft eine Spritzung mit Schmierseifenlösung (20 g auf 1 l Wasser).

▲ Ein Vergleich der Blätter macht die ungeheure Bandbreite der Salbeiarten und -sorten deutlich – wer die Wahl hat, hat die Qual.

▼ Salbeitee lindert Entzündungen im Mund- und Rachenraum, wirkt schweißhemmend, pilztötend und bakteriostatisch.

Expertentipps

1 **Räuchern – uralt und topmodern**

Setzen Sie doch mal Rauchzeichen! Es müssen ja nicht immer parfümierte Räucherstäbchen sein. Das Verräuchern von Kräutern hat in vielen Kulturen, auch in unserer, eine Jahrtausende lange Tradition. Es stand meist in Zusammenhang mit Heilritualen, die Zimmer von Pestkranken wurden z. B. ausgeräuchert. Aber Rauch begleitete oft auch spirituelle Handlungen. Bis heute gehört zur katholischen Messe der Weihrauch. Gerade unter den Salbeiarten gibt es viele, die für Räucherrituale verwendet wurden. Ihrem würzigen, balsamischen Duft sagt man besonders reinigende und schützende Kräfte nach. Neben dem heimischen Küchensalbei gehören zu den Räucherkräutern vor allem Indianischer Räuchersalbei (Foto unten, *S. apiana),*
Nevadasalbei *(S. nevadensis)* und Spanischer Salbei *(S. lavandulifolia).* Darüber hinaus eignen sich auch viele Artemisiaarten, Thymian und Rosmarin gut zum »Verdampfen« – und wenn es nur zur Stechmückenabwehr ist.

2 **Exoten im Haus überwintern**

Die Salbeiarten fremder Kontinente (siehe S. 56/57) schenken uns viele intensive Fruchtaromen. Ihre Blätter ergeben süß-aromatische Tees. Die Pflanzen sind bei uns jedoch nicht frosthart genug, um im Freien zu überwintern. Am besten hält man sie im Kübel. So können sie im Sommer auf der Terrasse oder dem Balkon Sonne und frische Luft genießen, im Winter aber problemlos ins Haus umziehen. Ananassalbei, Honigmelonensalbei *(S. elegans),* Pfirsichsalbei *(S. greggii),* Johannis-

beersalbei *(S. microphylla)* und Kanarischen Salbei überwintert man am besten hell und kühl. Der aus tropischen Regionen stammende Fruchtsalbei (Foto links unten) hat es gern ganzjährig warm und kann in der kalten Jahreszeit auch im Wohnzimmer stehen (am besten unter einer Pflanzenleuchte). Dort kann man seine Winterblüten ausgiebig genießen.

3

3 Als Rosenkavaliere glänzen

Der Küchensalbei ist mit seinem silbergrauen Laub ein wirkungsvoller Begleiter von Rosen in der Rabatte. Besonders rosafarbenen und weißen Sorten verleiht er eine sehr romantische, ätherische Untermalung. Aber auch seine zahlreichen buntlaubigen Varietäten stehen Rosen gut. Weiß-panaschierte ergänzen weiße Rosen perfekt, gelb gemusterte unterstreichen gelbe Rosen Ton-in-Ton. 'Purpurascens' greift das Purpurviolett vieler alter Rosen stimmig auf. Halten Sie beim Pflanzen allerdings so viel Abstand, dass Sie spezifische Pflegemaßnahmen durchgeführt können. Am besten magert man beim Pflanzen die Erde im Salbeipflanzloch ab und/oder reichert das Rosensubstrat entsprechend mit Kompost und Dünger an.

4 Bienen locken

Salbeiblüten sind bei Bienen, Hummeln und vielen anderen Insekten ausgesprochen beliebt. Blühender Salbei lockt die geflügelten Bestäuber scharenweise an. Nutzen Sie diese Lockqualität und setzen Sie Salbeipflanzen in Gartenregionen, die auf gute Befruchtung angewiesen sind, etwa in den Obst- oder Gemüsegarten.

5 Lang lebe der Muskatellersalbei

Der Muskatellersalbei folgt einem zweijährigen Lebensrhythmus. Im ersten Jahr bildet er seine große Blattrosette, im zweiten schiebt er seine riesigen verzweigten Blütenrispen. Danach stirbt er ab, allerdings nicht ohne sich

selbst auszusäen. Man kann das Leben der einzelnen Pflanze allerdings verlängern, indem man, sobald der Blütentrieb zu wachsen beginnt, die Basis mit etwas Erde anhäufelt. So entwickeln sich am Wurzelhals Kindel, die im Folgejahr blühen.

4

Thymian

► Gewöhnlicher
Thymian und der
gelb-bunte Zitronen-
thymian bilden
nebeneinander kon-
trastreiche Polster.

Thymian

Winzig kleine Blättchen und riesiges Aroma zeichnen den Echten Thymian *(Thymus vulgaris)* aus. Wie der Salbei gehört er zu den Heil- und Würzpflanzen mit langer Tradition und fand über die Römer und später die Mönche Eingang in die heimische Küche. Auch er kommt ursprünglich aus den Regionen um das Mittelmeer: Südeuropa, Nord- und Westafrika. Dort besiedelte er vor allem Bergregionen und breitete seine flachen, verholzenden Polster auf steinigen, trockenen Hängen und Matten aus. Er ist ein echter Asket und gedeiht am besten auf mageren, nährstoffarmen, aber vollsonnigen Standorten. Als typischer Bewohner der mediterranen Macchia ist er auch unverzichtbarer Bestandteil der »Kräuter der Provence«. Neben seinem ungeheuer intensiv würzigen Aroma sind bis heute auch seine medizinischen Wohltaten gefragt. Thymian wirkt antibakteriell und schleimlösend, er lindert Husten und Bronchitis, aber auch Verdauungsbescherden. Er lässt sich problemlos in Schalen, Töpfen oder Ampeln ziehen. Im Garten macht er viel Freude, weil er anspruchslos und pflegeleicht ist. Echter Thymian, aber auch seine nahen Verwandten bieten Lösungen für so manchen Problemstandort. Sie besiedeln Mauerritzen und sogar Pflasterfugen und überziehen sie mit grünen Polstern oder zur Blütezeit sogar mit farbigen Teppichen. Besonders niederliegende oder kriechend wachsende Arten, wie Quendel, Sand- und Kümmelthymian, eignen sich sogar als trittfeste Bodendecker. Sie weben geschlossene Duftrasen oder Duftpfade in den Garten. Schon den Gewöhnlichen Thymian gibt es in unterschiedlichen Typen und Varianten. Darüber hinaus sorgen weitere Arten, etwa die zitrusduftenden Orangen- und Zitronenthymiane, für eine große Fülle an Aroma – und buntlaubige Sorten für Farbvariationen.

► Der Kaskadenthymian *(T. longicaulis)* wächst kissenförmig bis überhängend und passt gut auf Trockenmauern oder in Ampeln.

► ► Die T.-vulgaris-Auslese 'Fleur *provençal*' ist besonders fein aromatisch. Sie entwickelt etwas längere Triebe.

◄ Vom Zitronen-
thymian *(T. × citrio-
dorus)* gibt es meist
panaschierte Sorten
von hohem Zierwert.
Die Blätter ergeben
aber auch einen
leckeren Tee mit
spritziger Note.

▲ 'Silver Queen' ist die weiß-bunte
Variante des Zitronenthymians. Sie ist
etwas empfindlicher als die Grundform
und freut sich über leichten Winterschutz.

► Der Echte Thymian *(T. vulgaris)* blüht
von Mai bis September und wird 20 bis
40 cm hoch. Er liebt steiniges Ambiente.

Kräuterpraxis

Standortansprüche verbinden

Thymian ist ein echter Hungerkünstler. Er wächst auch noch auf sandigen, schottrigen Böden, auf denen andere Pflanzen kaum gedeihen. Kalkhaltig sollten sie sein und niemals darf Staunässe auftreten. Dafür stellt er umso mehr Ansprüche an Sonne und Wärme. Ein vollsonniger, heißer Platz ist gerade gut genug. Unter solchen Bedingungen entwickelt er am meisten Aroma. Diese Standortvorlieben decken sich mit denen der meisten mediterranen Kräuter, deshalb lässt sich Thymian gut mit solchen Arten vergesellschaften, etwa im Steingarten, auf Trockenmauern oder in speziellen Beeten. Da

alle Thymiane aber auch hervorragend in Töpfen zu halten sind, kann man in größeren Pflanzgefäßen dekorative mediterrane Ensembles für Balkon oder Terrasse zusammenstellen.

Gute Böden abmagern

Soll Thymian im Gemüsebeet oder in der Rabatte zwischen Prachtstauden Stellung beziehen, sollte man den Boden etwas abmagern. Man pflanzt Thymian erst ab Mai ins Freie. Graben Sie das Pflanzloch etwas breiter und vor allem tiefer aus, als der Wurzelballen groß ist. Füllen Sie eine Schicht Kies oder groben Sand als Drainage zuunterst in die Vertiefung. Vermi-

► In größeren Kübeln geht Thymian attraktive Verbindungen mit anderen mediterranen Zuzüglern ein.

Gesund mit Thymian

Seine Inhaltsstoffe, allen voran das Thymol, machen Thymian so gesund. Das Kraut wirkt antibakteriell, pilz- und entzündunghemmend, keimtötend und Schleim lösend. Es ist daher *das Heilmittel* bei Atemwegserkrankungen, Husten und Bronchitis. Es entfaltet als Badezusatz, beim Inhalieren oder als Tee seine Qualitäten. Verwenden Sie für alle drei Anwendungsarten frische Blätter und Triebe, ihr Aroma ist nicht zu toppen. Eine Handfläche voll genügt für eine Kanne Tee.

◀ Vermischen Sie die Erde des Pflanzlochs zu rund einem Drittel mit grobem Sand oder Kies.

schen Sie dann die Pflanzerde zu rund einem Drittel ebenfalls mit Sand oder Schotter. Das erhöht die Durchlässigkeit, sorgt für raschen Wasserabzug und »verdünnt« das Nährstoffangebot.

Sparsam pflegen – rund ums Jahr ernten

Wenn Sie sich mit Dünger- und Wassergaben zurückhalten, dann bleibt Thymian gesund und kräftig. Höchstens auf sehr mageren Plätzen eine Handvoll Kompost im Frühjahr geben. Auf eher sauren Böden tut eine gelegentliche Kalkgabe der Entwicklung gut. Im Frühjahr sollte man die kleinen Halbsträucher etwas zurückstutzen. Das fördert einen dichten Neuaustrieb. Während der Saison dürfen Sie ebenfalls reichlich ernten. Kneifen Sie dabei junge Triebe ab oder auch verholzte, von denen man die Blätter dann mit der Hand abstreift, ehe man sie zum Kochen verwendet. Selbst im Winter hält Thymian mit seinen immergrünen Blättchen stets frische Würze bereit. Das starke Aroma hält sich auch im getrockneten Kraut. Wer sich auf diese Weise einen Vorrat anlegen möchte, erntet am besten kurz vor dem Aufblühen.

Im Winter abdecken

Der Echte Thymian (*T. vulgaris*) ist bei uns ausreichend winterhart. Einige Typen, etwa der Französische Thymian, und manche Sorten, z. B. des Zitronenthymians, brauchen in rauen Lagen jedoch einen leichten Winterschutz. Decken Sie die Pflanzen dazu mit etwas trockenem Laub, Stroh und Reisig ab.

Über Stecklinge vermehren

Da Thymian zu den verholzenden Halbsträuchern gehört, lässt er sich leicht über Stecklinge vermehren. Am besten schneidet man dazu junge Triebe vor der Blüte, entfernt die unteren Blätter und steckt die Stängel in feuchte Aussaaterde oder Sand. Bis zur Bewurzelung sind sie mit einer Plastikhaube oder Folie abzudecken.

◀ Thymianstecklinge schneidet man am besten vor der Blüte.

Expertentipps

1 Farbe für Fugen und Ritzen

Überlebenswille auch unter kargsten Bedingungen zeichnet Thymiane aus. Diese Genügsamkeit erlaubt es ihnen, in Nischen, Ritzen und Fugen Fuß zu fassen, die sich sonst nicht als Pflanzenstandorte eignen. Sie entfalten ihre Pracht zwischen Pflastersteinen, Trittplatten und in Treppenfugen. Dabei wirken sie keineswegs wie Mauerblümchen. Ihre immergrünen oder »immerbunten« Blätter sowie bei vielen Arten auch die Blüten sorgen für Farbe. Höhere Arten, wie *T. vulgaris* oder *T. × citriodorus,* bilden hübsche Polster. Flachwüchsige lassen sich sogar mit Füßen treten und eignen sich für Duftpfade und Duftrasen.

2 Duftende Pfade und Teppiche

Grünfläche muss nicht immer Rasen bedeuten. Kriechende Thymianarten und -sorten weben kompakte, begehbare Bodendecken. Ihre dichte Verzweigung und die winzigen Blättchen sorgen auch optisch für eine perfekte grüne Oberfläche. In dieser Funktion brillieren Sandthymian *(T. serpyllum)* und Zitronen-Sandthymian *(T. serpyllum* 'Lemon Curd'), Kriechender Zitronenthymian *(T. citriodorus* var. *repens),* Kümmelthymian *(T. herba-barona),* Moosthymian *(T. praecox),* Lavendelthymian *(T. thracicus)* und Quendel *(T. pulegioides).* Das Darüberschreiten wird zu einem sinnlichen Erlebnis, denn mit jedem Schritt tritt man würzige Aromawolken los. Die Pflege solcher Duftpfade gestaltet sich denkbar einfach: Wie Rasen müssen sie regelmäßig gestutzt werden, allerdings genügen ein- bis zweimal im Jahr, am besten im Früh-

jahr und eventuell – je nach Wachstum – noch einmal im Sommer. In den ersten zwei Jahren nimmt man dazu die Schere. Nachdem die Pflanzen richtig eingewachsen sind, kann man auch den Rasenmäher verwenden.

3 Malerische Unterpflanzung

Die kriechenden Thymianarten können mit ihren langen Trieben auch sehr gut als Unterpflanzung von Hochstämmchen in der Kübelkultur verwendet werden. Kaskadenthymian, Orangenthymian oder Sandthymian z. B. lassen ihre weichen Girlanden malerisch über Topfränder und aus Ampeln hängen.

Zu anspruchsvollen Zierpflanzen, wie Rosen, pflanzt man sie am besten mit eigenem Töpfchen und magerem Substrat in den großen Kübel, um den unterschiedlichen Nährstoffansprüchen gerecht zu werden.

4 Kräuterkissen als Badezusatz

Da Thymian auch nach dem Trocknen sein Aroma behält, eignet er sich ideal zum Befüllen von Kräutersäckchen oder -kissen. Diese können zum Parfümieren des Kleiderschranks verwendet werden, ergeben aber auch einen wohltuenden Aromaspender für das Badewasser. Hängen Sie das Säckchen beim Befüllen der Wanne unter den laufenden Wasserhahn und inhalieren Sie die heilsamen Düfte.

5 Für schattigere Plätze

Alle Thymiane sind Sonnenkinder und benötigen mehr als sechs Stunden direkte Sonne am Tag. Am besten kommt die grüne Variante des Zitronenthymians mit etwas schattigeren Verhältnissen zurecht.

Oregano

▶ Dost (*Origanum vulgare*) bildet schnell 30 bis 50 cm hohe, dichte Polster. Er breitet sich gern über Ausläufer aus.

Oregano

Die Gattung Oreganum besteht aus einer Reihe von Arten, die sich in Aussehen und Aroma stark unterscheiden. Die zwei bekanntesten Vertreter hierzulande sind der bei uns einjährig gezogene Majoran (*Origanum majorana,* siehe Seite 37) und der ausdauernde, frostharte, bei uns auch wild wachsende Dost (*Origanum vulgare*). Beide stammen ursprünglich ebenfalls aus mediterranen Gefilden, werden aber seit dem Mittelalter bei uns kultiviert und als Heilpflanzen geschätzt. Oregano enthält wie Thymian Thymol und Carvacol und wirkt daher ebenfalls bakterizid und fungizid. Er lindert Erkältungskrankheiten und Atemwegsbeschwerden. Darüber hinaus besitzt er Gerb- und Bitterstoffe, Flavonoide und Harze, die bei Magen-Darm-Verstimmungen helfen.

Alle ausdauernden Oreganoarten lieben lockere, durchlässige, kalkhaltige Erde. Sie darf, wie bei allen im Mittelmeerraum beheimateten Pflanzen, gelegentlich auch trocken sein. Das Aroma des heimischen Dosts hängt sehr von Standort und Witterungsverlauf ab. Er braucht viel Sonne und Wärme, um seine volle Würze zu entfalten. Zuverlässig intensiv ist dagegen das Aroma der verschiedenen mediterranen Oreganoarten, etwa des Griechischen (*O. vulgare* subsp. *hirtum*) – er gilt als das klassische Pizzagewürz, verfeinert aber auch Tomaten und Eintöpfe – sowie des Spanischen Oregano (*O. virens*), des Französischen Majorans (*O. onites*) und des Kretamajorans (*O. dictamnus*). Sie behalten auch getrocknet ihren Duft. Alle Oreganos sind dekorative Blüher!

▼ Dost entfaltet von Juli bis September eine verschwenderische Blütenfülle. Die Blütenköpfe würzen ebenso intensiv wie die Blätter.

◀◀ Der Pfeffrige Oregano (*O. samothrake*) macht seinem Namen alle Ehre – ein unbedingtes Muss für Freunde der scharfen Küche.

◀ Der Griechische Oregano ist <u>das</u> Pizzagewürz schlechthin. Die Variante 'Compactum' eignet sich gut für Töpfe.

▶ Graufilzige Blätter schmücken den Kretamajoran (*O. dictamnus*), im Sommer treibt er rosa Blüten, die zwischen Hochblättern erscheinen. Die Topfkultur ist ratsam.

▼ 'Thumbles Variety' heißt die gelblaubige Sorte des Dosts. Sie setzt mit ihrer Farbe eine spritzige Note ins Kräuterbeet.

Kräuterpraxis

Wichtig: Wasserabzug

Alle Oreganoarten gedeihen unproblematisch auch in Töpfen, Kästen und Ampeln. Hier ebenso wie im Garten brauchen sie als typische Mittelmeerkinder durchlässige, lockere Erde, die raschen Wasserabzug sicherstellt. In Pflanzgefäßen sollte man daher unten eine Drainageschicht einfüllen. Stecken Sie sie nicht in Übertöpfe. Hier sammelt sich Niederschlagswasser an und führt schnell zu Staunässe – tödlich für mediterrane Kräuter. Am besten postieren Sie Ihre Kräutertöpfe auf kleine »Stelzen« (Foto unten), so kann das Regenwasser noch leichter und schneller abziehen.

Standort, Pflege, Winterschutz

Weisen Sie Ihrem Oregano im Garten, aber auch auf der Terrasse und dem Balkon, einen sehr sonnigen, warmen Platz zu. Er fühlt sich auch im Steingarten oder auf Trockenmauern wohl. Der einheimische Dost verträgt auch etwas nahrhaftere Erde und freut sich über eine Handvoll Kompost im Frühjahr. Zu diesem Zeitpunkt schneidet man die Triebe bodennah zurück.

Die südländischen Arten lieben es karger und trockener. Hier sollte man sich mit Dünger zurückhalten. In rauen Lagen benötigen sie einen leichten Winterschutz aus Stroh und Reisig.

Vermehrung durch Teilung

Gewöhnlichen Dost kann man ab Ende April / Anfang Mai direkt ins Freiland aussäen. Er wächst flach und bildet einen dichten, reich verzweigten Wurzelstock, der sich über Ausläufer ständig weiter ausdehnt. Die immer breiter werdenden Polster kann man später einfach teilen und die Pflanzen dadurch vermehren.

► Kleine »Füße« unter den Kräutertöpfen verhindern, dass sich Wasser in den Gefäßen staut und die Wurzeln faulen.

►► Oregano lässt sich einfach durch Teilung vermehren. Man gräbt die Pflanze aus, schneidet die Triebe ab und teilt den Ballen mit der Hand.

Oregano-Bruschette

Die würzigen Appetithappen schmecken als Vorspeise oder zwischendurch. Weißbrot in Scheiben schneiden und im Backofen oder im Toaster anrösten. Vier Tomaten häuten, entkernen und würfeln. Eine Knoblauchzehe, zwei Schalotten und ca. 100 g in Würfel geschnittene Salami in heißem Olivenöl anbraten. Einen guten Esslöffel gehackten Oregano dazugeben, dann mit Salz, Pfeffer und etwas Balsamico würzen und zu den Tomaten geben. Auf die Brotscheiben etwas Olivenöl verteilen und die Masse daraufgeben.

Graben Sie den Wurzelballen vorsichtig aus und spalten Sie ihn anschließend mit der Hand oder dem Spaten in mehrere Teile, je nach Größe. Die Einzelpflanzen können neu an verschiedenen Standorten wieder in die Erde gesetzt werden. Der beste Zeitpunkt dafür ist Anfang Mai.

Würzige Blüten

Anders als die meisten Kräuter, die man in der Regel am besten vor der Kräfte zehrenden Blüte erntet, entfaltet Oregano erst mit der Blüte sein stärkstes Aroma. Die Blätter haben dann die intensivste Würzkraft. Man verwendet aber auch die Blüten selbst in der Küche. Sie können frisch oder getrocknet zum Kochen und/oder zum Garnieren von Salaten und Speisen verwendet werden. Selbst im abgeblühten Zustand geben sie noch ihr Aroma ab. Man kann also vom Sommer bis zum Herbst laufend Blätter, Blüten und ganze Triebspitzen ernten. Möchte man Oregano für die Vorratshaltung trocknen, schneidet man die Triebe im Spätsommer bodennah ab.

Schonende Trocknung

Wählen Sie zum Trocknen der Pflanzenteile einen luftigen, warmen, aber beschatteten Ort, etwa einen Gartenschuppen, einen Dachboden oder Ähnliches. Feuchte Räume, wie mancher Keller, sind nicht geeignet. Hier trocknen die

Kräuter schlecht oder gar nicht und es kommt schnell zu Schimmelbildung. Man legt die Triebe entweder auf einen Rost oder auf Siebe, sodass von allen Seiten Luft herankann, oder man bündelt sie zu kleinen Sträußen und hängt sie kopfüber auf. Machen Sie die Bündel nicht zu dick, sie trocknen sonst in der Mitte nicht richtig durch. Die Trockendauer hängt von der Temperatur und der Luftfeuchte ab. Fertig sind die Kräuter, wenn sie rascheldürr sind und die Stängel bei Berührung leicht brechen. Lagern Sie sie dunkel in in verschließbaren Gefäßen.

▲ Oregano entfaltet zur Blütezeit das intensivste Aroma. Blüten und Blätter sind in der Küche verwendbar.

◄ Oregano lässt sich gut für die Vorratshaltung trocknen. Sobald die Blätter rascheldürr sind, kann man sie in luftdichte Gefäße abfüllen.

Expertentipps

1 **Goldmajoran als Bodendecker**

Der Goldmajoran *(O. vulgare* 'Aureum') ist eine Varietät des gewöhnlichen Dosts mit sehr hellgrünen bis goldgelben Blättern. Wie die Stammform verzweigt er sich gut, bildet dichte Polster und treibt Ausläufer. Diese Eigenschaften machen ihn zu einem guten Bodendecker. Mit rund 30 cm Höhe bleibt er auch etwas niedriger als die Ausgangsform. Er ist schattenverträglicher als andere Oregano-arten und frischt mit seiner munteren Farbe halbschattige Plätze auf, etwa im Vorgarten oder in Gartenpartien, die für einige Stunden des Tages im Gebäudeschatten liegen. Allerdings ist er nicht ganz so aromastark wie seine Verwandtschaft.

2 **Schmetterlingsmagnet**

Die duftenden rosa- oder purpurfarbenen, bei manchen Arten auch weißen Blütendolden des Oregano sind ein beliebter Tummelplatz für Schmetterlinge, Bienen und Hummeln.

Sie ziehen die Pollen und Nektar suchenden Insekten in Scharen an. Wer also die nützlichen Bestäuber gerne in den Garten locken will, schafft mit dem Lippenblütler Oregano einen attraktiven Anreiz für die geflügelten Nützlinge.

3 **Topfhaltung für Kretamajoran**

Der Kretamajoran *(O. dictamnus)* – auch Diptamdost genannt – ist wohl eine der schmuckesten Oreganoarten. Alle Oreganos tragen leicht behaarte einförmige Blätter. Beim Kretamajoran fällt die Behaarung jedoch dichter, filziger und dadurch silbriger aus als bei den anderen. In attraktivem Kontrast dazu stehen die hellrosafarbenen Blüten, die von purpurfarbenen Hochblättern umgeben sind und dekorativ überhängen. Die Pflanze wird selten höher als 15 bis 20 cm. Da sie sehr wärmeverwöhnt ist, sollte man sie im Winter frostfrei halten. Am besten kultiviert man sie deshalb im Topf. Kretamajoran ent-

3

wickelt sich in Gefäßen besser als im Garten. Er braucht sehr durchlässige, trockene Erde und volle Sonne sowie viel Wärme an einem geschützten Platz. In seiner Heimat wächst er gern auf steinigen Hängen. Bei uns stellt man ihn im Sommer am besten regengeschützt auf. Im Winter holt man ihn ins Haus oder in den Keller und gibt ihm einen hellen, kühlen Platz. Mit seinen Wuchseigenschaften und den überhängenden Blütentrieben wirkt er zauberhaft in flachen Schalen oder Ampeln.

4 Arabischer Majoran oder Zatar

Eine typische Spezialität der orientalischen Küche ist der Arabische Majoran (*O. syriacum*); er heißt auch Zatar. Die Pflanze wird 50 bis 60 cm hoch, bildet behaarte Stängel und ebenfalls weich filzige Blätter. Es gibt verschiedene Typen unterschiedlicher lokaler Herkunft. Die würzigsten stammen aus Wüstengebieten. Die Blüten öffnen sich purpurrosa oder weiß. Bei uns ist die Pflanze nicht ganz winterhart. Man hält sie, wie den Kretamajoran, am besten im Topf. Pflanzen Sie sie in magere, durchlässige, mit Sand oder Splitt vermischte Erde. Im Sommer gibt man ihr einen geschützten, sehr sonnigen und warmen Platz, damit sie ihr volles Aroma entfaltet. Im Winter stellt man sie kühl und hell in einen frostfreien Raum. Passt ihr das Winterquartier, bildet sie viele Blätter. Da sie in dieser

Zeit keine Blüten ansetzt, kann sie ihre ganze Kraft ins Wachstum stecken.

Das würzige, intensive Aroma des Arabischen Majorans hat etwas von Thymian und Oregano. Traditionell wird er zum Backen von Fladenbrot verwendet. Das Kraut wird aber auch zum Würzen von Fleisch, Oliven und anderen Speisen benutzt. Oft wird unter der Bezeichnung Zatar auch eine Gewürzmischung angeboten, die außer dem Arabischen Majoran noch Salz, Sesamkörner und andere Zutaten enthält.

5 Dekorative weiß-bunte Form

Formen mit panaschierten Blättern sind unter den Oreganos zwar nicht so häufig zu finden wie bei Salbei und Thymian, aber eine gibt es doch. Die Sorte *O. vulgare* 'Variegata' schmückt sich mit cremeweiß-grün gemustertem Laub. Die Blätter bleiben etwas kleiner als bei der Ausgangsform. Die Pflanze wächst etwa 30 cm hoch. Sie eignet sich sehr gut für die Topfkultur und verträgt auch halbschattige Plätze. Ein paar Zweige verschönern kleine Kräutersträuße.

4

Artemisien

► *Artemisia*-Arten lieben trockene, sonnige Plätze, wie dieses Steinbeet. Mit ihrem dekorativen Laub sind sie nicht nur Würz-, sondern auch Blattschmuckpflanzen.

Artemisien

Artemisia lautet der botanische Gattungsname und zur Familie gehören eine Reihe uralter und hoch wirksamer Würz- und Heilpflanzen, die im Deutschen so unterschiedliche Namen tragen, wie Wermut *(Artemisia absinthium)*, Beifuß *(A. vulgaris)*, Eberraute *(A. abrotanum)* und Estragon *(A. dracunculus)*. In der feinen Küche kommt vor allem der Estragon zum Einsatz. Mit seinem süßlichen, fast anisähnlichen Aroma verleiht er Fischgerichten und delikaten Saucen, z. B. der berühmten Sauce Béarnaise (siehe Kasten), aromatische Raffinesse. Es gibt ihn in drei Varianten: den Russischen (winterhart, wenig aromatisch, herb), den Französischen (braucht in rauen Lagen Winterschutz, sehr aromatisch, lieblich, anisartig) und den Deutschen (winterhart, im Aroma zwischen den beiden anderen). Der Estragon ist der anspruchsvollste Vertreter. Sein volles Potenzial entfaltet er auf nahrhaften, humosen Böden und bei gleichmäßiger Wasserversorgung. Die Verwandtschaft bevorzugt dagegen steinige, kalkhaltige oder trockene, sandige Böden in vollsonniger Lage. Sie zeigen sich sehr anspruchslos. Beifuß gedeiht häufig sogar als »Unkraut« an schottrigen Wegrändern. Artemisien enthalten viele Bitterstoffe, aber auch Substanzen, die in höherer Konzentration giftig wirken, etwa das Alkaloid Absinth sowie Thujon. Deshalb sind Artemisien stets gering zu dosieren. Sie fördern die Fettverdauung und helfen bei zahlreichen weiteren Beschwerden. Früher galten sie als starke »Schutz- und Zauberkräuter« und wurden in vielen Kulturen zum Räuchern verwendet.

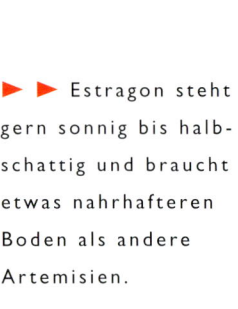

▶ Beifuß ist in ganz Europa heimisch. Er kann bis zu 200 cm hohe Büsche bilden. Man erntet junge Blätter und noch geschlossene Blütenknospen. Er würzt fette Gerichte (Gans).

▶▶ Estragon steht gern sonnig bis halbschattig und braucht etwas nahrhafteren Boden als andere Artemisien.

▲ Römischer Wermut *(A. pontica)* ist mit 40 bis 60 cm Höhe sehr zierlich und schmückt sich mit filigranem, silbergrünem Laub. Er macht auch als Zierpflanze in Beeten und Töpfen eine gute Figur.

▲ Wermut besticht nicht nur durch Aroma und Inhaltsstoffe. Mit seinem stark zerteilten Laub und seiner Statur ist er auch eine gute Strukturpflanze in Rabatten. Es gibt mehrere silberlaubige Schmucksorten.

▶ Von der feingliedrigen, dekorativen Eberraute *(A. abrotanum)* gibt es eine Variante mit Zitrusaroma und eine mit Kampfernote (auch als Coca-Cola-Kraut bezeichnet).

Kräuterpraxis

Ordnende Wurzelsperre

Manche Artemisiaarten, etwa Beifuß und Römischer sowie andere Wermutarten und -sorten, neigen zum Wuchern. Sie bilden unterirdische Ausläufer, mit denen sie ihre Umgebung erobern und sich immer weiter ausbreiten. Dabei können sie schwachwüchsige Nachbarn auch verdrängen. Entweder pflanzt man sie etwas abseits oder umgibt sie im Beet mit einer Wurzelsperre. Die billigste Variante ist ein Plastikeimer, aus dem man den Boden herausschneidet. Ihn senkt man in den Boden und pflanzt das Kraut in die Mitte. So kann es seine Wurzeln nach unten frei entfalten, aber den Beetnachbarn nicht die Existenz abgraben.

Kultur und Pflege

Wo die Standortvorlieben (siehe S. 80) erfüllt sind, gedeihen Artemisien völlig problem- und anspruchslos. Beifuß mag keine sauren Böden. Gelegentliche Kalkgaben heben den pH-Wert sanft an. Schwere Böden sollte man vor der Pflanzung mit Sand oder feinem Kies etwas abmagern. Nach der Pflanzung haben Sie mit Artemisien kaum noch Arbeit. Düngen und Gießen sind meist überflüssig. Nur der Estragon braucht bei trockener Witterung Wassergaben und freut sich über eine Kompostgabe im Frühjahr.

Artspezifische Ernte

Bei der Ernte für die Verwertung geht man – abhängig von der Art – folgendermaßen vor:

- **Estragon:** Das zarte Kraut sollte man nur frisch verwenden, getrocknet verliert bzw. verändert es sein feines Aroma. Man kann vom Austrieb bis zum Frost Blätter und junge Triebe für die Küche verwenden.
- **Beifuß:** Zum Würzen verwendet man junge Triebspitzen und vor allem die angesetzten, aber noch geschlossenen, kugeligen Blütenknospen. Sie sind am aromatischsten und erscheinen im Hochsommer, meistens im August. Auch beim Trocknen behalten sie ihre Würze.
- **Wermut und Eberraute:** Einzelne Blättchen sind während der ganzen Saison zu ernten. Größere Mengen sollten ohnehin nicht verzehrt werden. Wer größere Mengen zum Trocknen schneiden möchte, um Teedrogen, Duftsäckchen oder Räuchermaterial (siehe S. 85) zu gewinnen, tut dies vor der Blüte.

Repellent gegen Gallmilben

Beifuß und Wermut mit ihren intensiven herbaromatischen Düften verbreiten auch in der Mischkultur ihre segensreichen Wirkungen. Setzt man sie zwischen Johannisbeerpflanzen, sorgen sie für deren Gesundheit. Sie halten

► Wurzelsperren gibt es auch aus flexiblem Kunststoff vom laufenden Meter. Man kleidet die Seitenränder des Pflanzlochs damit aus.

Sauce Béarnaise

Der Kräuterklassiker schmeckt zu Fisch- und Fleischgerichten, aber auch zu Spargel. Zwei gehackte Schalotten mit drei Esslöffeln Estragonessig, drei Pfefferkörnern und mit einem Esslöffel flüssigem Fleischextrakt aufkochen und vom Herd nehmen. In einem Wasserbad drei Eigelb mit einem Esslöffel warmem Wasser verquirlen und nach und nach cremig rühren. 100 g Butter langsam schmelzen und teelöffelweise unter das Eigelb mischen. Zuletzt den Schalottensud zugeben und Salz, etwas Cayennepfeffer und zwei Esslöffel frische, klein gehackte Estragonblätter unter ständigem Rühren unterziehen.

◄ Estragon kann bis zu 150 cm hoch werden. Den stattlichen Büschen tut dann eine Staudenstütze gut, um nicht auseinanderzufallen.

ihnen die gefürchteten Gallmilben sowie den Säulchenrost vom Leibe.

Eine Stütze für den Estragon

Estragon wächst, wo es ihm gefällt, zu stattlichen Büschen von 60 bis 150 cm Höhe heran und verbreitert seine Horste von Jahr zu Jahr. Bei entsprechender Höhe erweisen sich die wenig verzweigten Stängel manchmal als nicht ganz standfest. Fallen sie auseinander, vereinnahmen sie sehr viel Platz im Beet. Ein Staudenring als Stütze sorgt für genügend Halt und bündelt die Pracht zu geschlossenen Horsten.

Vermehrung durch Teilung

Estragon bildet Ausläufer, d. h., der Wurzelstock schiebt unterirdisch nahe der Oberfläche Sprosse entlang, die dann in einiger Entfernung von der Mutterpflanze Triebe ans Licht schicken und bewurzeln. Sie können als eigenständige Pflanzen abgetrennt und anderswo gepflanzt werden – eine einfache Art der Vermehrung. Da die Pflanzenhorste durch die Ausläuferbildung aber auch ständig in die Breite wachsen, sollte man ältere Pflanzen gelegentlich ausgraben und teilen. Auch dadurch werden die Pflanzen vermehrt. Man sticht den Wurzelballen aus

und hebt ihn aus dem Boden. Dann spaltet man ihn mit dem Spaten in mehrere Teile. Einen davon kann man an Ort und Stelle wieder eingraben, die übrigen an neue Standorte setzen oder verschenken. Beim Estragon liegt der beste Zeitpunkt für die Teilung im Frühjahr, etwa Anfang Mai. Auch Beifuß, Wermut und Eberraute lassen sich so vermehren. Man kann alle Arten aber auch über Stecklinge fortpflanzen.

▼ Ältere Estragonpflanzen kann man sehr einfach über Teilung vermehren.

Expertentipps

1 Zier- und Nutzwert in einem

Die meisten Artemisien sind aufgrund ihres leicht grau getönten, fein zerteilten Laubes und ihres verzweigten Wuchses von Haus aus von einem gewissen Schmuckwert. Neben den natürlichen Arten gibt es aber auch noch spezielle Sorten von besonders attraktivem Äußeren, die die Grenze zwischen Zierde und Nutzen völlig aufheben. Insbesondere einige silberlaubige Varietäten, wie z. B. die Silberwermutsorten *(A. ludoviciana* 'Silver Queen', Foto unten) und *A. absinthum* 'Lambrook Silver' oder *A. arborescens* 'Powis Castle', brillieren als bezaubernde Rabattenpflanzen. Mit ihrem kühlen, vornehmen Farbton und dem fedrigen Laub verbreiten sie Romantikstimmung pur und passen hervorragend zu nostalgischen Rosen. Aus der Entfernung betrachtet verschwimmen die filigranen Blattstrukturen

zu grauen »Nebelschleiern« und geben, vor allem in Begleitung weiß oder rosa blühender Beetpartner, einer Pflanzung eine besonders ätherische Note. Dennoch enthalten sie alle spezifischen Inhaltsstoffe und lassen sich auch zum Würzen verwenden.

2 Silbrige Einfassungen

Während die meisten Artemisien relativ stattliche Halbsträucher bilden, empfiehlt sich die zwergwüchsige *Artemisia schmidtiana* 'Nana' für niedrige Beeteinfassungen. Sie wird nicht höher als 25 cm, verzweigt sich gut und bildet breite Büsche. So zieht sie ein dichtes silbernes Band um Beete und Rabatten und ist eine helle Alternative zum dunklen Buchs. Allerdings zieht sie im Winter ein. Der Saum muss im Frühjahr erst neu nachwachsen.

3 Gelb-bunter Beifuß

Zwischen all den grauen Eminenzen fällt der gelb-bunte Beifuß 'Oriental Limelight' farblich völlig aus dem Rahmen. Seine Blätter sind panaschiert in einem warmen goldgelben Farbton. Damit passt er gut in die Umgebung

3

gelber Blütenpflanzen oder kann zwischen dunkelgrünen Kräutern heitere Akzente setzen. Er toleriert auch halbschattige Plätze. Wie die Ausgangsform treibt er allerdings gerne Ausläufer. In der Rabatte setzt man ihn besser in eine Wurzelsperre.

4 **Wermut als Pflanzenschutzmittel**

Seine ätherischen Öle und Inhaltsstoffe machen Wermut sogar zu einem wirksamen Pflanzenschutzmittel. Im biologischen Landbau verwendet man Wermuttee als Spritzlösung zur Bekämpfung von Blattläusen und Milben. Eine Spritzung mit Wermutjauche im Frühjahr hilft ebenfalls gegen Blattläuse, aber auch gegen Säulchenrost an Johannisbeeren sowie gegen Raupen. Zum Ansetzen der Jauche nimmt man frisches, zerkleinertes Wermutkraut und gibt es in ein Kunststofffass oder einen Plastikeimer, das/der mit Regenwasser aufgefüllt wird. Luftig abdecken und das Ganze an einem sonnigen Platz aufstellen. Man rührt täglich mindestens einmal um. Die Flüssigkeit muss jetzt vergären. Sobald sie nicht mehr schäumt und eine dunkle Farbe

angenommen hat, ist der Prozess abgeschlossen. Das dauert eineinhalb bis drei Wochen. Die Jauche wird zur Verwendung im Verhältnis 1 : 20 mit Wasser verdünnt.

5 **Duftsäckchen und Räucherbündel**

Eberraute und Wermut sind seit alters auch bewährte Mittel, um Motten und anderes Ungeziefer aus Kleiderschränken fernzuhalten. Dazu fertigt man aus getrockneten Kräutern kleine Duftsäckchen an, die man zwischen die Wäsche legt. Der intensive Geruch soll aber auch auf Stechmücken und andere Insekten abstoßend wirken (siehe auch Repellent S. 82). Genügt das frische Kraut nicht zur Mückenabwehr, dann verräuchern Sie doch mal einige getrocknete Stängel und Blätter, das lässt die Plagen bestimmt verduften. Artemisiaarten, vor allem Wermut, Eberraute und Beifuß, wurden in vielen Kulturen, auch bei uns, für rituelle Räucherungen verwendet. Man versprach sich Schutz und Reinigung vom »Geist« der Pflanzen. Auch Moxakräuter, die zur Akupuktur verwendet werden, gehören zu den Artemisien, ebenso wie der Indianische Steppenbeifuß.

4

Weitere Mediterrane

► Zu den Sonne
und Trockenheit lie-
benden hoch aroma-
tischen Kräutern
aus den Mittelmeer-
regionen gehören
auch Lavendel und
Heiligenkraut.

Weitere Mediterrane

Rund zwei Drittel aller gebräuchlichen Küchenkräuter stammen aus den Regionen rund um das Mittelmeer. Die variantenreichen Gattungen von Salbei, Thymian und Oregano gehören dazu. Auf den folgenden Seiten werden weitere wertvolle mediterrane Duft- und Würzkräuter vorgestellt. Alle sind hoch aromatisch und schätzen sonnige, trocken-steinige Plätze auf kalkhaltiger Erde. Ihre Herkunft ist oft schon an den silbrigen Blättern zu erkennen, etwa bei Heiligenkraut, Lavendel, Currykraut, Griechischem Bergtee oder Weinraute, die im Grunde einen Sonnenschutzmechanismus darstellen. Manche schmücken sich zusätzlich mit auffälligen Blüten und sind daher auch im Zierbeet gern gesehene Gäste, wie Ysop und Lavendel. Den wärmeverwöhnten Sonnenkindern sollte man in unseren Breiten etwas Winterschutz geben. Ein paar Kandidaten sind sogar so frostempfindlich, dass man sie lieber in Kübelkultur hält. Dazu gehören die Immergrünen Rosmarin und Lorbeer sowie die Zitronenverbene. Letztere stammt eigentlich aus Südamerika und bildet hier eine Ausnahme. Aber in Südfrankreich ist »Verveine«, ein Tee aus ihren zitrusduftenden Blättern, schon fast so etwas wie ein Nationalgetränk. Deshalb darf der Strauch hier nicht fehlen. Lorbeer wächst zu einem Bäumchen heran, alle anderen Arten zu Halbsträuchern.

► Lavendel (*Lavandula angustifolia*) wird wegen seiner Blüten geschätzt, kann aber auch zum Aromatisieren von Lammgerichten und Desserts sowie als duftender Badezusatz genutzt werden.

◄◄ Das immergrüne Bergbohnenkraut *(Satureja montana)* gedeiht gut zwischen Bohnenpflanzen, aber auch in Trockenmauern. Es wird etwa 40 cm hoch.

◄ Rosmarin *(Rosmarinus officinalis)* blüht meerblau von März bis Juni. Man überwintert ihn hell und frostfrei im Haus.

◄ Lorbeer *(Laurus nobilis)* ist aus der Küche nicht wegzudenken. Das immergrüne Bäumchen hält man bei uns als Kübelpflanze. Es wächst an jedem Platz, braucht aber Düngergaben und regelmäßiges Gießen.

▼ Heiligenkraut *(Santolina chamaecyparissus)* blüht im Juli und bildet hoch aromatische niedrige Beeteinfassungen.

◄ Schmale nadelartige Blätter in hellem Silbergrau lassen das Currykraut *(Helichrysum italicum)* weithin leuchten. Es wird 40 bis 60 cm hoch und blüht von Juli bis September. Sein Curryaroma passt gut in indische Gerichte und zu Fisch; nur kurz (fünf Minuten) mitkochen.

► Ysop *(Hyssopus officinalis)* ist eine uralte, traditionsreiche Würzpflanze. Das Aroma erinnert an Salbei und Thymian. Man sollte ihn nur frisch verwenden, getrocknet verliert er an Intensität. Der Halbstrauch wird 30 bis 50 cm hoch. Die blauen Blüten locken Bienen an.

▲ Griechischer Bergtee (*Sideritis syriaca*) entfaltet ein zimtähnliches Aroma. Für den Tee verwendet man die graufilzigen Blätter und die gelben Blütenkerzen; wächst 40 cm hoch.

► Die Zitronenverbene (*Aloysia triphylla*), auch Eisenkraut genannt, hält man als Kübelpflanze. Die etwas steifen Blätter ergeben einen intensiv zitronigen Tee.

◄ Die bitter-würzige Weinraute (*Ruta graveolens*) galt einst als mächtiges Zauberkraut. Heute verwendet man die gut verzweigte Pflanze mit den dekorativen blaugrünen, gefiederten Blättern gern als Einfassung.

Kräuterpraxis

Steiniger Standort

Mediterrane Würzpflanzen sind entsprechend ihrer Herkunft prädestiniert für sehr warme, geschützte Plätze, am besten in voller Sonne. In ihrer Heimat stehen sie oft auf kargen, mageren und (kalk)steinigen Hängen. Die Nähe von Steinen tut ihnen in unseren Breiten doppelt gut, da sie die Wärme des Tages speichern und in den kühlen Nächten an die Umgebung abgeben. Davon profitieren diese Sonnenanbeter erheblich. Stein- und Steppengärten, Trockenmauern, die oberste Etage der Kräuterspirale sowie sonnige Beete vor Mauern und Hauswänden sind daher beliebte Standorte. Sogar im Kiesbett gedeihen viele dieser Arten.

Regelmäßiger Rückschnitt

Fast alle Pflanzen dieser Gruppe verholzen von der Basis her und bilden kleine Halbsträucher. Damit sie sich gut verzweigen und kompakte Büsche bilden, ist ein regelmäßiger Rückschnitt notwendig. Die laufende, häufige Ernte junger Triebspitzen stellt daher die beste Pflege dar. Darüber hinaus braucht Lavendel einen leichten Rückschnitt nach der Blüte (nur die weichen diesjährigen Triebspitzen kappen) und einen weiteren, tieferen (etwa ein Drittel des letztjährigen Triebs) im Frühjahr. Currykraut schneidet man ebenfalls gleich nach der Blüte oder vor dem Austrieb kräftig zurück. Im Frühling wollen auch folgende Arten gestutzt werden:

► Lavendel liebt wie die meisten mediterranen Vertreter steinige, kalkhaltige Plätze und gedeiht sogar im Kiesbett.

Aromatische Tees

In seinem Heimatland schätzt man den Griechischen Bergtee über alles. Er hat ein feines Zimtaroma und muss mindestens 10 Minuten köcheln, um seine Wohltaten zu entfalten: Er wirkt antibiotisch, entzündungshemmend, steigert die Abwehrkräfte und hilft bei Erkältungen.
In Frankreich trinkt man Verveine, einen Tee aus Blättern der Zitronenverbene, zu jeder Gelegenheit. Schon ein Blatt genügt für eine Tasse, um intensiven Zitrusgeschmack zu erreichen. Der Tee wirkt beruhigend und erfrischend und schmeckt auch kalt.

- Ysop: eine Handbreit über dem Boden abschneiden
- Heiligenkraut: auf die Hälfte zurückstutzen
- Bergbohnenkraut: um ein Drittel einkürzen
- Rosmarin: etwa zwei Drittel des Neutriebs
- Zitronenverbene: auf die Hälfte schneiden

Auch getrocknet aromatisch

Mit Ausnahme des Ysops und der Weinraute, die ihr volles Aroma nur frisch wirklich gut entfalten, lassen sich all diese Einwanderer einfach und mit gutem Ergebnis trocknen. So kann man ihre Würze für den Winter konservieren. Innerhalb eines Jahres sollte man die Vorräte allerdings nach und nach aufbrauchen.

Kübelkultur für Frostempfindliche

- **Lorbeer** gedeiht in der Sonne und im Schatten, liebt allerdings ein nährstoffreiches, etwas lehmiges, durchlässiges Substrat. Regelmäßiges Düngen und Gießen ist für den großlaubigen immergrünen, bis zu zwei Meter hohen Baum unerlässlich. Überwinterung: hell und kühl (bei 3 bis 8 °C).
- **Zitronenverbene** braucht im Sommer einen sonnigen, geschützten Standplatz und steht am besten in guter, humoser Gartenerde. Gleichmäßig leicht feucht halten und regelmäßig düngen. Überwinterung: bei 5 °C, hell oder dunkel (verliert dann die Blätter).
- **Rosmarin** liebt Sonne und sandig-humose Erde. Überwinterung hell bei 10 °C.

◄ ◄ Lavendel tut ein leichter Rückschnitt nach der Blüte gut.

▲ Auch Currykraut braucht, um immer schön verzweigt und kompakt zu bleiben, ein scharfes Zurückstutzen.

◄ Die spröden Blätter der Zitronenverbene trocknen besonders schnell und behalten ihr intensives Aroma sehr lange.

Expertentipps

▌1▌ Topfkultur für bestimmte Lavendelarten
Alle mediterranen Kräuter, auch die winterharten, lassen sich bei uns ebenso gut in Töpfen halten. In stilechten Terrakotta- und Tongefäßen oder auch – wie im Süden oft zu sehen – in leeren Olivenölkanistern zaubern sie herrliches Mittelmeerflair auf Terrasse oder Balkon. Ergänzen kann man die winterharten dann mit frostempfindlichen Verwandten zu Familienarrangements. Vom Lavendel z. B. gibt es sehr dekorative und hoch aromatische Varianten, die bei uns nur in Kübelkultur gedeihen. Der Schopflavendel *(L. stoechas)* etwa suggeriert mit seinen auffälligen Scheinblüten über den echten Blüten große Köpfe. Er ist ein intensiver Dufter und liefert Material für Tees und Duftsäckchen. Ebenso die Sorten des Provencelavendels *(L. × intermedia),* auch Lavandin genannt: Sie wurden speziell für die Parfumindustrie gezüchtet und bestechen durch Öl- und Aromareichtum.

▌2▌ Formschnitt und Einfassungen
Viele Kräuter dieser Gruppe bilden Halbsträucher, die nicht wuchern, sich gut verzweigen, buschig und kompakt wachsen und ausgesprochen schnittverträglich sind – Eigenschaften, die sie für »Hecken« bzw. Beeteinfassungen prädestinieren. Lavendel, Heiligenkraut, Weinraute oder Ysop sind hervorragende und funktionelle Alternativen zu Buchs, um Kräutergärten eine ordnende Struktur zu verleihen. Die ersten drei sorgen mit ihrem silbrigen Laub für attraktive Kontraste. Der Ysop bringt mit seinen tiefgrünen Blättern Ruhe ins Beet. Zusätzlicher Vorteil gegenüber Buchs: Das starke Aroma der Sonnenanbeter schreckt so manchen Schädling ab. Setzen Sie vier bis fünf Jungpflanzen auf den laufenden Meter. Der regelmäßige Schnitt ist hier natürlich besonders wichtig, damit die Kräuter schön buschig und dicht wachsen. Mindestens einmal jährlich im Frühjahr sollte man die Schere ansetzen, bei Lavendel zweimal im Jahr (siehe S. 92). Lavendel und Heiligenkraut lassen sich sogar zu dekorativen runden Kuppeln formen (Foto oben). Auch in dieser Gestalt setzen sie geometrische Akzente, die den Garten bereichern.

3

4

3 Kälteverträglicher Rosmarin

Der hübsche Rosmarin wäre sicher noch verbreiteter, wenn er nicht so frostempfindlich wäre. Die meisten Sorten streichen bei etwa – 10 °C, manche schon ab – 5 °C die Segel. Da viele Gärtner auch keinen geeigneten Überwinterungsplatz für Topfrosmarin haben, kommt es immer wieder zu Ausfällen. Züchter steckten deshalb viel Energie und Geduld in die Suche nach frosthärteren Sorten – mit Erfolg. Die Varietät 'Veitshöchheim' (Foto), eine Selektion aus der Bayerischen Landesversuchsanstalt, verträgt Temperaturen bis zu – 20 °C. Die Sorten 'Arp' und 'Hill Hardy' gelten als ebenso winterhart.

4 Hängender Rosmarin

Eine weitere interessante Rosmarinspielart ist die Sorte 'Prostratus'. Sie wächst kriechend bzw. hängend. Einige Triebe halten sich jedoch auch aufrecht, was der Pflanze ein etwas skurriles Äußeres verleiht, das in Töpfen und vor allem Ampeln eine gute Figur macht.

5 Wellnesskräuter

Die intensiven Aromen der Mittelmeerkräuter sind nicht nur in der Küche eine Wohltat.

Wunderbar entspannend und beruhigend ist z. B. ein Bad, das mit einem Säckchen Lavendelblüten und -blättern aromatisiert wurde. Der Zusatz von Rosmarin dagegen wirkt sanft anregend. Er erweitert die Gefäße und wärmt von innen. Wer ein kleines spirituelles Reinigungsritual durchführen möchte, kann dies durch Verräuchern von getrocknetem Ysop, Rosmarin, Lavendel oder Heiligenkraut »dufte« unterstützen. Duftkissen mit getrocknetem Lavendel oder Heiligenkraut, in den Schrank zwischen die Wäsche gelegt, halten Motten und andere Insekten fern und parfümieren sanft die Kleidungsstücke. In bunten Potpourris beduften sie die Raumluft.

5

Anspruchsvolle

► Schnittlauch
(Allium schoenopra-
sum) steht gern auf
nährstoffreichen,
humosen Böden und
liebt eine gute Was-
serversorgung.

Anspruchsvolle

Anspruchsvolle

Während die zahlreichen mediterranen Kräuter verallgemeinernd als sonnenhungrige Asketen zu charakterisieren sind, werden in dieser Gruppe die etwas anspruchsvolleren Kräuternaturen vorgestellt. Sie lieben, was Nährstoff- und Wasserversorgung angeht, eher luxuriösere Verhältnisse. Die Böden sollten tiefgründig und humos sein und reichlich Feuchtigkeit bieten. Das heißt aber nicht, dass es sich um kapriziöse Pflanzendiven handelt. Im Gegenteil, wo der Standort stimmt, gedeihen sie ganz problemlos. Schließlich zählen die meisten zu den in Mitteleuropa heimischen oder eingebürgerten Wildkräutern, die auch ganz ohne unser Zutun in freier Natur wachsen. Sie sind bestens an unser gemäßigtes, niederschlagsreiches Klima angepasst, kommen mit Frösten ohne Schwierigkeiten zurecht und entwickeln sich auch im Halbschatten prächtig. Manche, wie Waldmeister *(Galium odoratum)* oder Bärlauch *(Allium ursinum),* lieben sogar schattige Plätze unter Bäumen.

Traditionsreiche Klassiker finden sich darunter, wie Schnittlauch *(Allium schoenoprasum)* oder Liebstöckel *(Levisticum officinale),* uralte Heilpflanzen wie Baldrian *(Valeriana officinalis)* oder Zitronenmelisse *(Melissa officinalis),* kräftige Würzkräuter wie der Meerrettich *(Armoracia rusticana)* sowie eine ganze Reihe von Arten, die früher in jeden Kräutergarten gehörten, aber zwischenzeitlich etwas in Vergessenheit gerieten. In der modernen Küche sind sie wieder sehr en vogue, wie die Wilde Rauke *(Diplotaxis tenuifolia),* Bärlauch, Sauerampfer *(Rumex acetosa),* Pimpinelle *(Sanguisorba minor),* Brunnenkresse *(Nasturtium officinale)* oder Waldmeister zeigen.

► Waldmeister breitet im lichten Schatten von Gehölzen seine Teppiche aus. Die hoch aromatischen Blüten erscheinen im Mai/Juni.

►► Liebstöckel heißt wegen seines typischen Aromas auch Maggikraut, hat mit der Suppenwürze aber nichts zu tun. Er wird bis zu 200 cm hoch.

▲ Die vitale Zitronenmelisse bildet über Ausläufer immer größer werdende Horste. Sie können bis zu 100 cm Höhe erreichen. Frische Blätter würzen Salate, Soßen, Fisch und Desserts. Als Tee beruhigt Melisse die Nerven und hilft wegen ihrer östrogenartigen Inhaltsstoffe bei allerlei Frauenleiden.

▲ Schwer in Mode in der Trendküche ist der Bärlauch. Seine Blätter mit dem knoblauchartigen Aroma lassen sich zu Suppe oder Pesto verarbeiten und bereichern die Pastaküche. Er gedeiht auch im Schatten, braucht im Garten aber ein paar Jahre, bis er Fuß fasst.

◄ Der problemlose Schnittlauch gehört zu unseren Küchenklassikern. Er wächst auch gut in Topfkultur.

◄ Die Pimpinelle oder Wiesenknopf, wie sie auch genannt wird, bevorzugt als einzige Art dieser Gruppe eher trockene Böden in sonniger bis halbschattiger Lage. Sie wird 30 bis 70 cm hoch. Man verwendet nur frische Blätter des Vitamin-C-Lieferanten für »grüne Soße«, Suppen und Salate.

▲ Oxalsäure verleiht dem Sauerampfer seinen säuerlichen Geschmack. Er passt zu Salaten und Quark, aber auch als Suppe oder Gemüse in Kombination mit Spinat. Die Horste werden 30 bis 40 cm hoch. Der rotgeaderte Blutampfer bietet auch was für die Optik.

◄ Baldrian sieht gut aus, duftet und heilt. Er gedeiht bei uns auch wild auf feuchten Wiesen und an Bachrändern, wird 50 bis 150 cm hoch und blüht von Juni bis August.

◄ Die mehrjährige Wilde Rauke, auch Rucola genannt, trägt stärker gelappte Blätter als die gleichnamige einjährige Form (S. 35), blüht gelb und schmeckt auch schärfer.

▲ Brunnenkresse wächst kriechend und braucht sauberes, fließendes Wasser. Am besten sind die Wurzeln dauerhaft unter der Oberfläche. Die fleischigen Blätter enthalten die Vitamine A, C, D und E sowie Jod und Eisen.

► Der scharfe Geschmack seiner Wurzeln ist einmalig. Die Meerrettichblätter werden bis zu 100 cm lang und bilden große Horste.

Kräuterpraxis

In nahrhafte tiefgründige Böden setzen

Weisen Sie den Kräutern und Würzpflanzen dieser Gruppe Standorte auf guten Böden zu. Die Erde sollte tiefgründig sein, einen guten Nährstoffvorrat bereithalten und Wasser gut speichern können. Am besten reichert man die Beete vor der Pflanzung mit Kompost an. Auch im Frühjahr vor dem Austrieb freuen sich diese Arten über eine jährliche, reichliche Kompostgabe oder den Zusatz anderer organischer Dünger als Starthilfe in die neue Saison. Die besonders vitalen Arten, wie Sauerampfer, Meerrettich, Liebstöckel und Zitronenmelisse, darf man auch mehrmals nachdüngen.

»Kraftprotze« bändigen

Sagen ihnen die Bedingungen am Standplatz zu, kann man die Wuchskraft manchmal kaum noch im Zaum halten. Liebstöckel kann dann bis zum zwei Meter hohen Giganten aufschießen. Mit seinen oben stark verästelten Trieben bildet er dann stattliche Büsche, die viel Platz beanspruchen. Planen Sie von vornherein entsprechend viel Platz ein. Damit die hohen Stängel nicht auch noch auseinanderfallen, sollte man beizeiten einen Staudenring als Stütze anbringen (Foto).

Meerrettich und Zitronenmelisse legen bei entsprechender Ernährung nicht so sehr an Höhe zu, sondern stecken ihre Energie in die horizontale Ausbreitung. Die Wurzelstöcke neigen zum Wuchern und erobern sich schnell immer mehr Platz im Beet. Schwachwüchsige Nachbarn wer-

▼ Regelmäßige Kompostgaben verbessern die Nährstoffversorgung und erhöhen den Humusgehalt des Bodens.

► Liebstöckel kann sehr groß werden. Die mächtigen Stauden freuen sich dann über eine Stütze, die die Pracht zusammenhält.

Bärlauchsuppe

**Zwei Zwiebeln und eine mehlige Kartoffel
klein schneiden und in etwas heißer Butter
andünsten. Das Ganze mit einem halben
Liter Gemüse- oder Fleischbrühe löschen
und 10 Minuten köcheln lassen. Anschließend die Zwiebeln und Kartoffeln durch
ein Sieb streichen. Etwa 200 g frische
Bärlauchblätter waschen und kurz blan-
chieren, danach sofort in Eiswasser legen.
Nach dem Abkühlen mit etwas Sahne zu
einer glatten Masse pürieren und unter die
Suppe ziehen. Die restliche Sahne dazugeben (insgesamt 250 ml). Mit Salz, Pfeffer
und Zitrone abschmecken und gut durch-
quirlen, um eine sämige Konsistenz zu
erhalten.**

◄ Ältere Schnitt-
lauchhorste lassen
sich leicht durch
Teilung vermehren.
Setzt man im Herbst
ein Büschel in einen
Topf, kann man ihn
im Winter auf der
Fensterbank antrei-
ben.

den dann rasch bedrängt. Auf guten Standorten
empfiehlt es sich daher, dem Ausbreitungdrang
klare Grenzen zu setzen und die Kräuter mit
einer Wurzelsperre zu pflanzen. Für Zitronenmelisse genügt ein vom Boden befreiter Kunst-
stoffeimer. Den vitalen Meerrettich setzt man
besser in einen großen Betonring. Im Herbst
sticht man Wurzelteile für die Verwendung in
der Küche ab. Sie werden grob gereinigt, ge-
schält und dann klein geschnitten oder gerieben. Die Pflanze regeneriert sich schnell.

Schnittlauch teilen und antreiben

Auch Schnittlauch bildet im Lauf der Zeit immer breitere Horste. Älteren Pflanzen tut eine
Verjüngung durch Teilung alle drei bis vier Jahre
gut. Dadurch werden die Pflanzen gleichzeitig
vermehrt. Graben Sie einen Horst aus und teilen Sie ihn mit den Händen in der Mitte durch.

◄◄ Meerrettich
neigt zum Wuchern.
Ein Betonring setzt
seinem Eroberungs-
drang im Beet eine
wirksame Sperre
entgegen.

◄ Nach der Ernte
werden die Wurzel-
teile unter fließen-
dem Wasser grob
gereinigt.

► Rucola verschärft seinen Geschmack unter trockenen Bedingungen im wahrsten Sinn des Wortes.

Sonderstandorte pflegen

Bei Waldmeister und Bärlauch handelt es sich um typische Waldpflanzen mit speziellen Ansprüchen an ihren Standort. Sie sind besonders humose Böden gewohnt, die alljährlich durch das Falllaub hoher Bäume mit weiterem organischen Material genährt werden. Allerdings dürfen sie nicht zu sauer sein. Beide bevorzugen leicht kalkhaltige Böden und wachsen wild vor allem in Buchenwäldern. Außerdem lieben sie die halbschattigen oder sogar schattigen Lichtverhältnisse des Waldes. Geben Sie ihnen im Garten einen entsprechenden Platz. Er kann gerne unter Gehölzen liegen, darf aber nicht austrocknen. Lassen Sie Falllaub im Herbst einfach auf den Flächen liegen.

Wer auch im Winter Schnittlauch ernten möchte, sticht im Herbst ein Büschel ab und setzt es in einem Topf. Lassen Sie es zunächst einmal durchfrieren, damit die vorhandenen Halme vergilben und absterben. Danach holt man den Topf ins Haus und stellt ihn an einem warmen, hellen Fenster auf. Schon bald treibt dann frisches Grün durch.

Wasserangebot steuert den Geschmack

Trotz ihrer Vorliebe für humose, nährstoffreiche Böden und regelmäßige Wasserversorgung erweisen sich einige der Arten dieser Gruppe als sehr anpassungsfähig und tolerant gegenüber den Standortbedingungen. Allerdings beeinflusst die Wasserversorgung die Geschmacksentwicklung. So hält die Wilde Rauke auch trockene Perioden aus, ohne Schwäche zu zeigen. Der ohnehin nussig-scharfe Geschmack der Blätter legt dann aber an Schärfe noch mal bedeutend zu. Umgekehrt fördert eine regelmäßige Wasserversorgung bei der Pimpinelle die Geschmacksentfaltung. Ihr Aroma wird dadurch intensiver. Und Sauerampfer behält an sehr feuchten Plätzen wesentlich länger zarte und damit schmackhafte Blätter als unter trockeneren Bedingungen.

► Waldmeister wird gern zum Aromatisieren von Wein und Bowle verwendet. Man erntet die Blätter und jungen Triebe zur Blütezeit.

Waldmeisterbowle

Der Waldmeister enthält viele ätherische Öle, Bitterstoffe und das süßlich duftende Cumarin. Dieses Aroma wird erst frei, wenn man die frisch geernteten Triebe leicht anwelken lässt. Dann lässt sich damit Waldmeisterbowle, auch Maibowle genannt, herstellen. Dazu bindet man mehrere Triebe zu kleinen Bündeln zusammen und hängt sie kopfüber in ein Gefäß mit Weißwein und/ oder trockenem Sekt. Lassen Sie die Kräuter dann ein bis zwei Stunden in der Flüssigkeit durchziehen, ehe Sie sie wieder herausnehmen. In moderaten Mengen genossen, wirkt die Bowle anregend. In größeren Mengen kann Cumarin Kopfschmerzen verursachen.

◄ ◄ Baldrian bildet dicht verzweigte Wurzelnester, die geerntet und getrocknet werden.

◄ Daraus lässt sich Tee zubereiten, der nervenberuhigend und schlaffördernd wirkt.

Geben Sie den Wildkräutern etwas Zeit, im Garten Fuß zu fassen. Später breiten sie sich zu bodendeckenden Teppichen aus – der Waldmeister über Wurzelausläufer, der Bärlauch über Tochterzwiebeln und Selbstaussaat. Brunnenkresse gedeiht nur am oder, am besten, im Wasser. Das heißt, mit den Füßen steht es am liebsten unter der Oberfläche. Die Erde sollte im Idealfall einen Zentimeter mit Wasser bedeckt sein. In der Natur findet man das Wildkraut meist an Bachufern oder Quellen. Wer im Garten keinen Wasserlauf hat, kann es auch am Teichrand probieren oder das Kraut in Tröge setzen, die einem ständigen Wasseraustausch unterliegen, etwa unter dem Wasserzapfhahn oder unter Quellsteinen. Lockern Sie die Bodenoberfläche gelegentlich etwas auf, um der Algenbildung vorzubeugen, und unterlassen Sie jede Düngung.

Wurzeln ernten

Geerntet werden bei allen vorgestellten Kräuterarten frische, zarte Blätter oder junge Triebspitzen. Nur Meerrettich und Baldrian bilden Ausnahmen. Hier werden die Wurzeln für die Küche genutzt. Beim Meerrettich kann man laufend kleinere Wurzelstücke abtrennen und ver-

arbeiten. Größere Stücke erntet man im Herbst. Will man einen Vorrat für den Winter anlegen, schlägt man die Wurzelteile in feuchten Sand ein und lagert sie kühl, etwa im Keller. So bleiben sie lange frisch.

Baldrian bildet verzweigte Wurzelnester (Foto oben). Sie holt man im zweiten Standjahr, sobald die Blätter im Herbst abgestorben sind, aus der Erde. Zunächst werden sie gründlich unter fließendem Wasser gereinigt und von Erdresten befreit. Danach reibt man sie trocken und teilt den Wurzelstock in kleinere Teilstücke. Um sie haltbar zu machen, werden die Wurzelstücke schonend, bei niedrigen Temperaturen getrocknet, 30 bis 40 °C genügen. Entweder reiht man die Stücke auf einer Schnur auf und hängt sie auf einem warmen luftigen Dachboden auf. Der Trockenvorgang dauert dann mehrere Tage. Man kann sie aber auch im Backofen bei entsprechend niedrigen Temperaturen dörren. Bewährt für diesen Zweck haben sich außerdem Dörrapparate, die der Fachhandel in verschiedenen Varianten anbietet. Das Erntegut legt man darin auf kleine Siebe, die übereinandergestapelt werden. Das Gerät saugt Luft von außen an, bringt sie auf die voreingestellte Temperatur und bläst sie durch die Siebe. Feuchte Luft wird nach außen abgeführt. Baldrianwurzeln entwickeln erst im Laufe des Trockenvorgangs ihren spezifischen süßlich-würzigen Geruch, der Katzen anlockt. Aus den klein gehackten Wurzeln bereitet man einen heilkräftigen Tee, der beruhigend, antidepressiv, schlaffördernd und krampflösend wirkt.

Expertentipps

1 **Achtung, nicht verwechseln**

Beim Sammeln von wildem Bärlauch **1a** in
den Wäldern kam es bereits wiederholt zu
Verwechslungen. Die breit-lanzettlichen, längs
strukturierten Blätter der Lauchpflanze, die
ab März austreiben, ähneln denen der Maiglöckchen **1b** . Sie erscheinen ebenfalls zu
dieser Zeit und gedeihen auch gern im Schatten unter Gehölzen. Maiglöckchen sind jedoch
in allen Pflanzenteilen giftig! Deshalb nur ernten, wenn man sich sicher ist. Das deutlichste
Unterscheidungsmerkmal ist der Knoblauch-
geruch, den die Bärlauchblätter verströmen,
wenn man sie knickt. Darüber hinaus besitzen
Bärlauchblätter einen deutlich erkennbaren
Blattstiel mit dreieckigem Querschnitt. Bei
Maiglöckchen dagegen werden die Stiele von
Niederblättern eingehüllt.

2 **Bärlauch zieht ein**

Wer Bärlauch gern als Bodendecker für schattige Gartenbereiche einsetzen will, sollte bedenken, dass das Kraut nach der Blüte im Mai
einzieht. Das heißt, die Blätter vergilben nach
und nach und sterben langsam ab. Für den
Rest der Saison ist vom Bärlauch dann ober-
irdisch nichts mehr zu sehen. Die boden-
deckende Wirkung kommt nicht mehr zum
Tragen. Nur die Zwiebeln überdauern unterirdisch bis zur nächsten Saison.

3 **Rauke sät sich selbst aus**

Hat man Wilde Rauke einmal in den Garten
gesät, hat man in der Regel für viele Jahre
ausgesorgt. Nicht nur, weil die mehrjährige
Form *Diplotaxis tenuifolia* jeder Jahr neu aus-
treibt. Sobald einige Pflanzen dazu kommen,
Blüten anzusetzen, säen sich die Samen in
aller Regel großzügig selbst aus. So können
Sie in den Folgejahren junge Rauken an vielen
ungewohnten Plätzen im Garten überraschen.
Übrigens kann man Rucola auch noch im
Spätsommer aussäen. Diese späten Saaten
gehen jedoch schneller in Blüte.

1a

1b

4

5

Er wirkt schleimlösend. Ein Teelöffel frisch geriebener Meerrettich mit etwas Honig vermischt ergibt daher ein probates altes Hausmittel bei Husten und Bronchitis. Darüber hinaus wirkt die Wurzel harntreibend, stoffwechselanregend und fördert die Verdauung. Deshalb wird sie in der Küche auch gerne für Soßen zu deftigen Fleischspeisen verwendet.

6 Schnittlauchblüten zum Vernaschen

Den Schnittlauch schätzt man vor allem wegen seiner würzigen, lauchig schmeckenden Halme. Weniger bekannt ist, dass die hübschen kugeligen rosavioletten Blüten, die von Juni bis August erscheinen, ebenfalls essbar sind. Mit ihrer auffälligen Form und Farbe ergeben sie peppige Dekorationsmittel auf Salaten und Quarkspeisen. Zupft man die einzelnen Blütenblätter ab, würzen diese Saucen und Marinaden.

4 Im Topf kultivieren

Von der Zitronenmelisse – oder auch Melisse, beide Namen bezeichnen die gleiche Art – gibt es auch buntlaubige Varianten. Besonders heiter und sonnig wirkt die Goldmelisse, *M. officinalis* 'Aurea'. Sie treibt gelb aus und wird erst im Lauf des Sommers grünlich. Die Sorte eignet sich gut für schattige Plätze. Grün-gelb gescheckt zeigt sich dagegen die panaschierte 'Variegata'. Zitronenmelisse wächst grundsätzlich auch hervorragend in Topfkultur. Die Gefäße halten ihr unbändiges Wachstum im Zaum. Die buntblättrigen Arten machen dabei jedoch eine besonders gute Figur, da sie gleichzeitig als Zierpflanzen dienen.

5 Meerrettich hilft gegen Husten

Für die Verwendung in der Küche wird die Meerrettichwurzel am besten fein gerieben. Setzen Sie dazu eine Taucherbrille auf – es ist besser, andere zum Lachen zu bringen, als sich selbst zum Weinen! Meerrettich enthält Senföle, schwefelhaltiges Glykosid und Vitamin C.

6

Minzen

▶ Die Schweizer Minze *(Mentha × piperita* 'Swiss') wird zur Herstellung von Kräuterbonbons verwendet; sie wird ca. 40 cm hoch.

Minzen

Schon beim Klang des Namens holt man tief Luft, in freudiger Erwartung des intensiven, kühl-erfri-
schenden Duftes der Minzen. Das vom hohen Mentholgehalt geprägte Aroma des bekanntesten
Vertreters, der Pfefferminze *(Mentha × piperita),* empfindet man als charakteristisch für die Gattung. Tatsächlich aber bietet die Familie eine konkurrenzlose Vielfalt an Aroma- und Blattvarianten.
»Wer alle Kräfte, Arten und Namen der Minzen vollständig aufzählen kann, ebenso gut auch sagen
könnte, wie viele Fische im Roten Meer schwimmen oder wie viel Funken der Ätna auswirft«, stellt
schon Walahfried Strabo, Abt des Klosters Reichenau, im 9. Jahrhundert fest. Und in den folgenden
1000 Jahren kamen noch unzählige neue Varianten hinzu. Minzen bastardisieren nämlich leicht, das
heißt, sie kreuzen sich sehr schnell untereinander. Das erklärt die immens hohe Zahl an Sorten und
das enorme Durcheinander in der Namengebung. Lassen Sie sich nicht verwirren, sondern einfach
vom Duft an der Nase herumführen und entscheiden Sie sich für das, was Sie gut riechen können.
Grob kann man die Minzen unterteilen in stark mentholhaltige Formen, in mentholarme oder
-freie Typen, die häufig sehr fruchtig duften, und in natürliche Wildarten. Die Wuchsformen bieten
vom gut einen Meter hohen Busch bis zum zwei Zentimeter winzigen Bodendecker alle Facetten.
Länglich spitze Blätter existieren neben rundlichen, glatte neben krausen oder behaarten, einfar-
bige neben panaschierten. Da viele Minzen im gemäßigten Europa heimisch sind, bevorzugen sie
eine regelmäßige, gute Wasserversorgung und tiefgründige, humose, nährstoffreiche Standorte,
die gern im Halbschatten liegen können. Einige Arten stammen aus Nordafrika und dem Orient.
Dort spielen sie in der Küche eine wichtige Rolle. Die heimische Pfefferminze nutzt man hauptsächlich als Teepflanze oder zum Aromatisieren von Desserts und Saucen.

▼ Die üppig grünen
Blätter der Pfeffer-
minze ergeben einen
krampflösenden,
hoch aromatischen
Tee. Die Pflanze
wird bis 80 cm hoch
und blüht rosavio-
lett im Juli/August.

►► Die Krause
Minze (rechts im
Bild) trägt runzelige
Blätter; die Pfeffer-
minze hat glattes
Laub, rotüberlaufene
Stängel und viel
Menthol.

▲ ◄ Mit ihren weiß-panaschierten Blättern und weißen Blüten ergibt die 40 cm hohe Ananas-minze *(M. suaveolens* 'Variegata') auch eine dekorative Topfpflanze.

▲ Die rötlich über-hauchte Orangen-minze *(M.* × *piperita* var. *citrata)* liebt eher sonnige Plätze und enthält wenig Menthol; Höhe 40 cm.

◄ Leicht behaarte Blätter und lieblich fruchtiges Aroma zeichnen die Apfel-minze *(M. suaveo-lens)* aus; lecker in Desserts.

◄ Mit dem warmen, dezenten Duft der Ingwerminze *(M. × gentilis* 'Variegata') lassen
sich Joghurtsaucen und Mayonnaisen gut
aromatisieren. Sie wird 30 bis 60 cm hoch
und verdankt ihren Namen eher den gelb-
gemusterten Blättern als dem Geschmack.

► Die 20 bis 80 cm
hohe Wasser- oder
Bachminze *(M. aqua-
tica)* ist eine natür-
liche Minzeart, die
wild an Bachläufen
und Seeufern wächst.
Auch im Garten
braucht sie feuchte
bis nasse, eher
schattige Standorte
– notfalls in einem
Trog.

▲ Ihr Aroma ist süßlich und kräftig und passt gut in Desserts. Die Raripila-Minze (*M. × smithiana* 'Rubra') schmückt sich mit roten Stängeln und wird 40 bis 70 cm hoch.

▲ Korsische Minze (*M. requienii*) ist mit 2 bis 5 cm Höhe und winzigen immergrünen Blättchen der Zwerg der Familie. Sie ist trittfest und bildet an schattigen, kühlen Orten wunderbare Duftrasen oder -pfade; etwas Winterschutz tut gut.

▶ Die Silberminze (*M. longifolia* 'Buddleia') überzeugt mit ihren schmalen, silbrig behaarten Blättern vor allem als Zierpflanze neben Rosen oder weißen Blühern; Höhe 50 bis 80 cm.

Kräuterpraxis

Haltung in Töpfen

Alle Minzen lassen sich hervorragend in Töpfen und Gefäßen kultivieren. Mit den vielen unterschiedlichen Wuchs- und Blattvarianten kann man bezaubernde und abwechslungsreiche Minze-Ecken auf dem Balkon oder der Terrasse gestalten. Einige buntlaubige Sorten dazwischen, wie Ananas-, Ingwer- oder Rossminze, bringen auch jenseits der Blütezeiten Farbe ins Spiel. Das begrenzte Topfvolumen setzt außerdem dem Ausbreitungsdrang, den viele Minzen mitbringen, klare Grenzen. Andererseits bedeutet dies auch, dass die Töpfe oft schnell zu klein werden. Entweder topft man die Pflanzen im Frühjahr in ein größeres Gefäß um oder man

teilt den Wurzelballen und macht zwei neue Pflanzen daraus.

Es lohnt sich auch, dem Topfmaterial ein paar Gedanken zu widmen. Minzen schätzen eine gleichmäßige, gute Wasserversorgung. Die geringe Erdmenge im Topf trocknet jedoch in den Sommermonaten schnell aus. In Ton- oder Terrakottatöpfen geht die Verdunstung noch schneller als in glasierten Keramikgefäßen oder Kunststoffkübeln vor sich. Übertöpfe haben den Vorteil, dass sie den Pflanztopf beschatten. Allerdings müssen sie Wasserabzugslöcher aufweisen oder dürfen nicht dem Regen ausgesetzt sein, weil sich sonst schnell Staunässe bildet, und die mögen Minzen ebenso wenig wie die allermeisten anderen Kräuter.

Wer den ganzen Tag über nicht zu Hause ist oder auch mal ein Wochenende verreist, sollte von vornherein Pflanzgefäße mit Wasserreservoir wählen. Der Fachhandel bietet ver-

▼ Diese Minzensammlung in dekorativen Töpfen fühlt sich an einen halbschattigen Platz auf der Terrasse wohl.

Arabischer Minzetee

Dieses Getränk gehört zum Orient wie Basare, Souks und Wasserpfeifen. Das spezifische Aroma erzielt man nur mit echten arabischen Minzen (S. 119). Es gibt verschiedene Zubereitungsvarianten: In Marokko trinkt man Minztee, hergestellt aus frischen grünen Blättern, oft pur. In anderen Ländern wird er auch mit Schwarztee oder grünem Tee gemischt. Tee und Minze zusammen in die Kanne geben, mit siedendem Wasser überbrühen, fünf bis acht Minuten ziehen lassen. Stilecht gehört viel Zucker dazu. Ein paar Rosenblütenblätter runden das Aroma ab.

schiedene Modelle an. Eine einfache Lösung für Kurzurlaube sind wassergefüllte Flaschen, die man kopfüber in die Kübelerde steckt. Die richtige Erdmischung tut ein Übriges.

Die richtige Erdmischung

Minzen stellen einige Ansprüche an die Nährstoffversorgung. Verwenden Sie deshalb für die Topfkultur gute, aufgedüngte Blumenerde. Als Gartenbesitzer können Sie auch Ihre eigene Mischung aus Gartenerde, der Sie reichlich Kompost zusetzen, herstellen. Der Kompost dient als Nährstoffvorrat und verbessert gleichzeitig die Wasserhaltekraft des Substrats. Eine gute Wasserpufferung erzielt man auch durch die Beimengung von Blähton (im Fachhandel erhältlich). Sie können bis zu einem Drittel des Erdvolumens zusetzen.

Klare Grenzen im Beet

Wird Minze im Freien kultiviert, sollte man ihr einen halbschattigen bis sonnigen Platz anweisen. Der Boden ist idealerweise humos oder lehmig. Wer auf Sand gärtnert, bessert das Substrat im Pflanzloch mit Kompost und etwas Bentonit auf. Wo sich Minze wohl fühlt, breitet sie sich über reichliche Ausläuferbildung schnell aus und erobert im Nu große Beetpartien. Nicht immer ist so viel Vitalität erwünscht und willkommen. Um auch schwachwüchsigen Beetpartnern eine Chance zu geben und wiederholtes Abstechen, Ausgraben und »Jäten« zu vermeiden, empfiehlt es sich, Minzen mit Wurzelsperre zu pflanzen. Ein Eimer ohne Boden tut gute Dienste, aber auch Beet- und Rasenkanten aus Metall oder Kunststoff aus dem Fachhandel, die man in den Boden drückt. Eine weitere Möglichkeit ist das Versenken ganzer Pflanztöpfe im Beet. Bei ausreichender Wasser- und Nährstoffversorgung gedeihen die Pflanzen auch mit dieser Beschränkung gut.

Düngung und Pflege

Gönnen Sie Ihren Minzen zweimal im Jahr eine Schaufel voll Kompost als Dünger. Alternativ

◄ Die Pflanzerde für Minzen macht eine gute Kompostgabe nährstoffreicher. Gefäße mit Wasserreservoir verhindern schnelles Austrocknen.

kann man auch Hornspäne oder andere langsam fließende Dünger einsetzen. Außerdem ist für stets leicht feuchte Erde zu sorgen. In niederschlagsarmen Perioden ist ein Rundgang mit der Gießkanne unerlässlich. Alle zwei bis drei Jahre möchte Pfefferminze verpflanzt werden, an einen neuen, unverbrauchten Platz. Sie steht nicht gern zu lange am selben Ort.

◄ Pfefferminze und auch viele Edelsorten breiten sich im Beet über Ausläufer rasch aus.

Duftrasen für schattige Plätze

Unter den Thymianen wurden einige teppichbildende Arten und Sorten vorgestellt, die jedoch nur in vollsonnigen, trockenen Lagen ihre Duftmatten weben. Unter den Minzen finden sich nun die Alternativen für schattige, frische Plätze. Wo immer anstelle von Rasen eine duftende Grünfläche entstehen soll, kann man auf Korsische Minze *(M. requienii)* oder Teppich-Po-

leiminze *(M. pulegium* 'Nanum') zurückgreifen. Beide tolerieren sogar Fußtritte und rollen ihren grünen Teppich auch auf wenig frequentierten Wegen auf. Die Korsische Minze ist immergrün, aber bei uns nicht immer ganz winterhart. Man sollte ihr etwas Schutz gewähren. Allerdings sät sie sich auch reichlich selbst aus, sodass Verluste meist schnell ausgeglichen werden. Die Blätter des Winzlings lassen sich in der Küche verwerten.

Anders bei der Poleiminze: Sie enthält neben reichlich Menthol auch das giftige Pulegon und wurde früher oft als Antiflohmittel bei Hunden und Katzen sowie in Matratzenfüllungen verwendet, aber auch als Abtreibungsmittel. Sie ist frosthärter als die Korsische Minze und macht mit ihren kriechenden/hängenden Trieben auch als Unterpflanzung hoher Kübelpflanzen in Töpfen eine gute Figur.

Vermehrungsmethoden

Natürliche Minzearten kann man im Frühjahr aussäen. Da Minzen Lichtkeimer sind, darf man die Saat nicht oder nur leicht abdecken. Alle Edelminzesorten sind jedoch nur vegetativ wirklich sortenrein vermehrbar, da das Saatgut die Eigenschaften der Eltern nicht zuverlässig weitergibt. Bei stark Ausläufer treibenden Varietäten geht dies am einfachsten über die Teilung der Wurzelstöcke oder das Abtrennen bewurzelter Ausläufer. Hat man nur wenig Ausgangsmaterial, ist die Stecklingsvermehrung eine gute Alternative. Ab Ende Juni haben die Pflanzen meistens genügend kräftige Neutriebe gebildet. Schneiden Sie einige Triebspitzen von knapp 10 cm Länge ab und entfernen Sie die unteren Blätter. Nur die drei bis vier obersten lassen Sie stehen. Stecken Sie die Stängel in ein feuchtes Sand-Erde-Gemisch und halten es in den folgenden Wochen gleichmäßig feucht, aber nicht nass. Förderlich ist eine Abdeckung, die für hohe Luftfeuchtigkeit sorgt. Auch ein Frühbeetkasten bietet eine geeignete Kinderstube für den Minzenachwuchs. Auf jeden Fall sollte er warm, aber nicht sonnig stehen.

▶ Im Sommer kann man bei Minzen (hier Apfelminze) kräftige Neutriebe als Stecklinge für die Vermehrung schneiden.

◄ Minzen behalten auch getrocknet ihr Aroma. Man sollte sie jedoch während des Trockenvorgangs Temperaturen von höchstens 35 °C aussetzen.

Trocknen für den Winter

MInzeblätter eignen sich gut zum Trocknen und bewahren ihr Aroma auch in diesem Zustand. Man kann sich also ganz leicht einen Wintervorrat zulegen. Zu diesem Zweck schneidet man die Pflanze, sobald sie erste Blütenknospen ansetzt, komplett ab. Entfernen Sie gleich nach der Ernte alle Blätter von den Stängeln, indem Sie sie von oben nach unten abstreifen. Breiten Sie das Grün auf Sieben aus und lassen Sie es an einem luftigen, warmen und beschatteten Ort durchtrocknen. Minze sollte bei höchstens 35 °C getrocknet werden, da bei höheren Temperaturen zu viele Wirkstoffe verloren gehen. Auch sollte die Lagerdauer ein Jahr nicht überschreiten.

Pfefferminzrost

Mitunter zeigen sich an der Pfefferminze im Frühjahr Flecken auf den Blattspreiten. Die Triebe verdicken und verformen sich und tragen orangefarbene Sporenpusteln. Nach und nach vertrocknet das Laub von unten nach

oben und fällt schließlich ab. Diese Pflanzen sind vom Pfefferminzrost befallen. Da hilft nur noch, alle Triebe bodennah abzuschneiden und mehrere Tage hintereinander mit Ackerschachtelhalmbrühe zu gießen. Die beste Vorbeugung gegen diese Krankheit sind ein luftiger, nicht zu enger Stand und das regelmäßige Verpflanzen.

◄ Pfefferminzrost tritt häufig bei Wechselwetter im Frühjahr auf.

Expertentipps

1 Viel oder wenig Menthol

Das erfrischende, kühlend wirkende Aroma der Pfefferminze verdankt sie dem heilkräftigen ätherischen Öl Menthol, das sie in größeren Mengen enthält. Es wirkt bei Einnahme verdauungsfördernd und krampflösend, auf die Haut aufgetragen desinfizierend und schmerzlindernd. Fast alle Minzen enthalten Menthol, allerdings in sehr unterschiedlichen Anteilen. Stark mentholhaltige zeichnet das »typische« scharf-würzige Minzearoma aus, das im Mund den eiskalten »Vivileffekt« auslöst. Bei mentholarmen Varietäten kommen die vielen anderen Inhaltsstoffe und deren Duftkomponenten besser zum Tragen, was den Sorten oft ein fruchtiges oder ganz individuelles Parfum verleiht. Zu den mentholbetonten Minzen gehören neben der normalen

Pfefferminze z.B. auch: Russische Pfefferminze (M. spec. 'Polymentha'), Thüringer Minze (M. × piperita 'Multimentha'), Ananasminze (M. suaveolens 'Variegata') und Krause Minze (M. aquatica var. crispa). Mentholarme Varietäten sind z.B.: Orangenminze (M. × piperita var. citrata), Grapefruitminze (M. suaveolens × piperita), Bananenminze (M. arvensis 'Banana') und Ingwerminze (M. × gentilis 'Variegata').

2 Aromaspezialitäten

Darüber hinaus wartet die große Familie der Minzen aber auch mit einigen ganz unerwarteten Duft- und Geschmacksvarianten auf, die sich für spannende Experimente in der Küche und im Badezimmer eignen:

- Schokominze (M. × piperita var. piperita 'Schoko') erinnert mit ihrem süßen Geschmack an Minzschokolade und verfeinert Desserts.
- Basilikumminze (M. × piperita var. citrata 'Basil') vereint Minzearoma mit einer pfeffrigen Basilikumnote; lecker zu Tomaten und Mozzarella.
- Lavendelminze (M. spec. 'Lavendel') parfümiert mit ihrem blumigen Aroma Fußbäder.

- Weinminze *(M. spec.* 'Nepetoides') entfaltet ein feines, weinartiges Bouquet und schmeckt zu Käse und Desserts.
- Feigenminze *(M. spec.* 'Tomentosa') verströmt süßes Fruchtaroma, das an Melonen, Pfirsiche und Feigen erinnert; für Obstsalate oder Desserts.
- Eau-de-Cologne-Minze *(M. × piperita var. citrata)* bewirkt mit ihrem Duft nach Lavendel und Kölnischwasser belebende Fußbäder.

3 Arabische Minzen

In der orientalischen Küche spielen Minzen eine ganz herausragende Rolle. Den arabischen Minztee, der aus kleinen reich verzierten Gläsern getrunken wird, kennt jeder, der schon einmal Nordafrika, die Türkei oder arabische Länder bereist hat. Doch Minze wird auch zum Würzen von Hammelgerichten, Joghurtspeisen und anderen orientalischen Spezialitäten benutzt. Jede Region hat ihren spezifischen Minzetyp. Alle enthalten wenig Menthol:

- Marokkanische Minze *(M. spicata var. crispa)*: Das ist <u>die</u> Teeminze schlechthin (siehe Kasten S. 114). Sie wächst 30 bis 60 cm hoch und hat hellgrüne, raue Blätter.
- Tunesische Minze *(M. spicata var. crispa)*: Sie trägt etwas schmalere Blätter; Höhe 60 cm.
- Jordanische Minze *(M. spec.)*: Ihre Blätter sind feiner und weicher; Höhe 40 bis 80 cm.
- Türkische Minze *(M. spicata var. crispa* 'Nane')*: Sie entwickelt dunkelgrüne, gekrauste Blätter und wird 40 bis 80 cm hoch.
- Persische Minze *(M. spicata var. crispa* 'Persien')*: Ihr Laub ist hellgrün und gekraust; Höhe 50 cm.

4 Asiatische Minzen

Auch der Ferne Osten hat seine Minzen:

- Japanische Minze *(M. arvensis var. piperascens)*: Grundlage des heilkräftigen »Tigerbalm«; graulaubig, 50 cm.
- Chinesische Minze *(M. arvensis var. haplocalyx)*: große grüne Blätter, sehr süß, 70 cm.

3

- Thailändische Minze *(M. spec.* 'Thai Bai Saranae')*: scharf, 60 cm.
- Vietnamesische *(M. spec.)*: kümmelig; 60 cm.

5 Mojito-Minze

Sie ist auch als 'Hemingway-Minze' im Handel, da der berühmte Schriftsteller diesen Minzedrink besonders geschätzt hat. Geben Sie einige Minzeblätter oder einen Trieb in ein Glas, zwei Löffel Zucker dazu und 3 cl Limettensaft. Die Blätter mit einem Stößel zerdrücken und mit 4 cl weißem Rum und 2 cl Mineralwasser sowie gecrunchtem Eis auffüllen.

5

Exoten aus Fernost

▶ Die leichte asia-
tische Küche erfreut
sich ständig wach-
sender Beliebtheit.
Die wichtigsten
Kräuter und Gewür-
ze kann man auch
selbst ziehen.

Exoten aus Fernost

▶ Blattkoriander, auch Cilantro genannt, ist eine Auslese. Er bildet viel zartes Laub und blüht spät. Bevorzugt steht er halbschattig und braucht Winterschutz.

▶ Die getrockneten Samenkörner des Echten Korianders (*Coriandrum sativum*) verwendet man bei uns als Brotgewürz, in Asien als Curryzutat. Die natürliche Art steht gern sonnig.

▶ ▶ Vietnamesischer Koriander (*Persicaria odorata*) heißt in seiner Heimat Rau Ram. Er liebt feuchte, fruchtbare Erde und gedeiht bei uns nur im Topf.

Die asiatische Küche boomt in Europa. Ihre Spezialitäten fanden in den vergangenen Jahren hierzulande immer mehr Anhänger. Ob Thai-Food, Wok-Gerichte, indische Currys oder japanisches Sushi und Sashimi, das bekömmliche, leichte Fernostessen hat in der heimischen Restaurantszene fest Fuß gefasst. Und jeder, der gerne mal selbst am Herd zaubert, möchte seine Lieblingsgerichte natürlich auch nachkochen. Allerdings kriegt man die spezifischen Feinheiten, den letzten stilechten Pfiff nur mit den richtigen Zutaten hin. Vieles bekommt man zwar in Asia-Märkten, aber wie sonst auch gilt die Regel: Frisch ist am besten. Hier werden deshalb einige wichtige asiatische Kräuter und Basisgewürze vorgestellt, die man bei uns einfach selbst anbauen oder als Kübelpflanzen kultivieren kann.

Koriander etwa gehört zwar auch hierzulande in den Kräutergarten, allerdings verwendet man hauptsächlich die Samenkörner als Brotgewürz.

◀ ◀ Zitronengras (*Cymbopogon citratus*) ist unverzichtbarer Bestandteil der Thai-Küche. Die Stängelbasis wird mitgekocht, aber nicht gegessen.

◀ Von Shiso (*Perilla frutescens*) gibt es grüne und rote Sorten. Die würzigen Blätter ummanteln Sushi.

In Asien schätzt man daneben das frische Blattgrün als Aromaspender. Sein etwas »muffiger« Geschmack ist für manchen Europäer gewöhnungsbedürftig, verleiht aber vielen Spezialitäten erst das unverwechselbare Aroma. Für die Blatternte gibt es eine besondere Auslese, auch als Cilantro auf dem Markt, die reichlich Laub bildet und spät blüht. Sie braucht, anders als der normale Koriander, etwas Winterschutz.

Der Vietnamesische Koriander hat mit vorgenanntem nur den deutschen Namen gemeinsam. Es handelt sich um eine andere Gattung. *Persicaria odorata* wächst bei uns nur als Topfpflanze. In Ostasien würzen seine Blätter, die auch roh gut schmecken, Suppen, Nudel- und Fleischgerichte. Auch das Thai-Basilikum gehört mit seinem süßlichen, anisähnlichen Geschmack in die Reihe der typischen Aromaspender, ebenso wie der Schwarzkümmel, dessen Samen von der Türkei bis nach Indien Brot, Soßen und Currys würzen.

Die spritzige zitronige Note vieler Thai-Gerichte geht meist auf Zitronengras oder Kaffirlimette zurück. Beide Pflanzen gedeihen bei uns gut im Kübel, ebenso wie die Asia-Basics

Ingwer und Kurkuma. Sie zählen eigentlich nicht zu den Kräutern, sondern zu den Gewürzen, denn man verarbeitet ihre Wurzeln. Hält man sie in großen Kübeln, kann man sie aber durchaus beernten – sofern man ihren Zierwert nicht vorzieht. Und für alle Sushi-Fans: Shiso wächst bei uns problemlos im Freien. Wer ein kühles nasses Plätzchen im Garten hat, am Teichrand oder – am besten – im fließenden Wasser, kann sogar Wasabi selbst anziehen.

▼ Thai-Basilikum (*Ocimum basilicum*) gedeiht einjährig. Sein süßliches Aroma gibt Currys und Suppen den spezifischen Asia-Touch.

► Ingwer *(Zingiber officinale)*, die uralte Heilpflanze, hält man bei uns in großen Kübeln ganzjährig warm. Man kann sie aus frischen Wurzelstücken selbst anziehen.

▼ In unseren Breiten blüht die Gelbwurz *(Curcuma longa)* nicht. Aber die ein Meter hohe Kübelpflanze schmückt sich mit üppigen länglichen Blättern. Und Wurzeln für die Küche kann man auch ernten.

▼ Aus der Wurzel des Japanischen Meerrettichs *(Wasabia japonica)* stellt man die scharfe grüne Wasabi-Paste her, die zu Sushi und Sashimi gegessen wird.

◄ Schwarzkümmel (Nigella sativa) ist eng verwandt mit der Zierpflanze Jungfer-im-Grünen. Seine schwarzen Samenkörner würzen Brot, Fleisch, Gemüse und Käse.

▶ Die Blätter der Kaffirlimette (Citrus hystrix) geben vielen thailändischen und indonesischen Gerichten eine zitronige Note. Man kocht sie mit wie Lorbeerblätter.

Kräuterpraxis

Einjährige Asiaten für die Freilandkultur
Schwarzkümmel, Shiso, Thai-Basilikum sowie
Blatt- und Samenkoriander gehören zu den einjährigen Pflanzen. Man muss sie also jedes Jahr
neu aussäen, um ernten zu können. Koriander
und Schwarzkümmel kann man ab April direkt
ins Freie säen. Thai-Basilikum und Shiso sollte
man erst ab Mitte Mai ins Beet bringen, evtl.
nach einer Vorkultur am Fenster. Beide brauchen viel Wärme zum Keimen. Shiso versamt
sich in den Folgejahren meist von alleine.

▼ Zitronengras ist
im Sommer eine
dekorative Balkon-
und Terrassenpflan-
ze, die frische Luft
und direkte Sonne
genießt.

Erfüllen Sie den Pflanzen folgende Standortansprüche:

- Koriander: Die natürliche Art, *Coriandrum
sativum,* wächst fast überall, schätzt aber
fruchtbaren Boden und sonnige Lagen. Die
Pflanzen bilden im unteren Bereich größere
dreilappige Blätter, im oberen fein gefiederte.
Ab Juni öffnen sich weiß-rosa Blüten.
- Blattkoriander: Dabei handelt es sich um die
gleiche Art. Eine Selektion entwickelt jedoch
vor allem dreilappige Blätter und geht erst
spät in Blüte, was die Blatternte ergiebiger
macht. Wegen des vielen zarten großen Laubes pflanzt man ihn eher halbschattig und
muss ihn gleichmäßig gießen.
- Shiso: Die großen Blätter brauchen nährstoffreichen, humosen Boden sowie regelmäßige
Wassergaben. Der Platz kann sonnig bis halbschattig sein.
- Thai-Basilikum: Wie die meisten Basilikum-
varietäten liebt es einen warmen, sonnigen
und geschützten Standort auf lockerem,
humosem Boden und sollte unbedingt vor
Übernässung geschützt werden. Die Topfkultur ist erfolgreicher.

Mehrjährige Exoten als Kübelpflanzen
Alle anderen vorgestellten Asiaten gedeihen
mehrjährig. Der Japanische Meerrettich / Wasabi,
der in seiner Heimat an kühlen, schattigen Bachläufen wächst, hält es auch in unseren Wintern
draußen aus. Das Kraut braucht dennoch eine
schützende Winterdecke. Die anderen Exoten
stammen meist aus wärmeren Regionen und
werden bei uns nur als Kübelpflanzen alt.

- Vietnamesischer Koriander mag es sonnig bis
halbschattig, feucht (nicht staunass) und humos.

◄ ◄ Für anspruchs-volle Exoten ver-wendet man hoch-wertige Kübelerde. Eigenmischungen sollten Kompost, Ton und Sand sowie Kies oder Perlite als Struktur stabilisie-rende Komponenten enthalten.

◄ Bewurzelungspul-ver (aus dem Fach-handel) fördert eine rasche Wurzelbil-dung der Stecklinge.

- Zitronengras steht im Sommer gerne im Frei-en auf der Terrasse – an einem geschützten Platz in voller Sonne. Es braucht nahrhafte Erde, gute Wasserversorgung und regelmäßige Stickstoffdüngung. Überwintern: hell bei 10 °C.
- Die Kaffirlimette stammt aus den Tropen und braucht es ganzjährig warm. Am besten hält man sie im Winter in einem sonnigen Zimmer oder im Wintergarten.
- Ingwer ist ebenfalls ein Tropenkind und hat es gern gleichbleibend feucht und nahrhaft. Der großen Blätter wegen nicht zu sonnig stellen, sie verbrennen leicht. Halbschatten ist besser.
- Kurkuma ist auch ein Ingwergewächs und stellt ähnliche Ansprüche: ganzjährig warm (um 18 °C, im Winter mind. 12 °C), hohe Luftfeuchte, halbschattig, nahrhaft, durchlässig.

Am besten verwenden Sie für die anspruchs-vollen Exoten hochwertige, gut aufgedüngte Kübelpflanzenerde. Wer das Substrat selbst an-mixt, sollte der Gartenerde reichlich Kompost, etwas Ton und Sand oder Perlite beimischen, um Strukturstabilität herzustellen.

Stecklingsvermehrung

Vietnamesischer Koriander, Thai-Basilikum und asiatische Minzen (S. 119) lassen sich sortenecht nur über Stecklinge vermehren. Man schneidet sie im Sommer. Oft bewurzeln sie sogar im Wasserglas. Steckt man sie in ein Erde-Sand-Gemisch, begünstigt das vorherige Stippen in Bewurzelungspulver die Wurzelbildung.

Wurzelteilung und Ernte

Ingwer, Kurkuma und Wasabi vermehrt man am besten durch Teilung der Wurzelrhizome. Bei dieser Gelegenheit kann man einen Teil gleich für die Küche zurückbehalten. Den Rest pflanzt man neu ein. Ingwer verliert im Spätherbst sei-ne Blätter. Bevor er im Frühjahr wieder aus-treibt, nimmt man den Wurzelstock heraus und teilt ihn. Kurkuma und Wasabi beerntet man auch schon ab Herbst. Die frischen Rhizome werden gerieben oder getrocknet und anschlie-ßend pulverisiert.

◄ Kurkumawurzeln geben Currys und vielen indischen Ge-richten die intensive gelbe Farbe.

Expertentipps

1 Vielseitiges Shiso

Alle Einjährigen dieser Gruppe kann man natürlich auch gut in Töpfen oder Kästen auf dem Balkon und der Terrasse halten. Besonders die empfindlicheren oder wärmebedürftigeren Naturen, wie Blattkoriander, Thai-Basilikum oder Shiso, entwickeln sich darin oft besser als im Beet.

Shiso, bei uns auch unter dem botanischen Namen Perilla oder der deutschen Bezeichnung Schwarznessel geläufig, kennt man hierzulande eher als Zierpflanze. Vor allem die rote Form setzt mit ihren dunklen großen Blättern auffällige Kontraste zwischen hellen Blütenpflanzen. In Asien werden ihre Blätter jedoch vielseitig genutzt. In frischem Zustand dekorieren und würzen sie Salate, Suppen und Reis. Ihr Geschmack ist würzig-wärmend.

Oft werden die Blätter jedoch auch sauer eingelegt und verfeinern dann Mixed Pickles, Bohnengerichte oder Sushi. Die grünen Blätter verwendet man frisch oder sauer eingelegt auch zum Einwickeln von Sushi-Röllchen. Rote Perilla findet in Japan auch als Färbemittel für eingelegte Gemüse, aber auch für Textilien ihren Einsatz. Sie enthält außerdem ein sehr süß schmeckendes Öl, das industriell für die Herstellung von Zuckerwaren und Zuckerersatz genutzt wird.

2 Tom Kha Gai

Die leckere Thai-Hühnersuppe, Standardgericht in jedem Thai-Restaurant, kann man einfach selbst zubereiten. 700 ml Hühnerbrühe mit 500 g gewürfelter Hühnerbrust, ca. 40 g geschnittenem Ingwer, 4 Stängeln Zitronen-

gras, 5 Kaffirlimettenblättern und 2 gehackten Schalotten zum Kochen bringen. Eine Dose Kokosmilch (400 ml) und eine Chilischote zufügen und etwa 40 Minuten köcheln lassen. Den Topf vom Feuer nehmen und mit Fischsauce (gibt's im Asia-Laden) salzen sowie mit Limonensaft abschmecken. Die Suppe darf jetzt nicht mehr kochen! Kaffirblätter und Zitronengras entfernen, Suppe in Teller füllen und mit Blattkoriander garnieren.

TIPP: Vom Zitronengras verwendet man das helle Innere des unteren Stängels. Schneiden Sie ihn in etwa 5 cm lange Stücke, halbieren Sie die Abschnitte und legen Sie sie auf ein Holzbrett. Quetschen Sie die Stängel mit einem Messerrücken etwas an. Die Kaffirlimettenblätter reißt man ein, bevor man sie in die Suppe gibt. So geben die Aromaspender mehr Geschmack ab.

3 Schädlingskontrolle im Winterquartier

Viele der vorgestellten Exoten wollen ganzjährig warm stehen und müssen daher im Haus überwintert werden. Ideal sind Wintergärten, aber auch Wohnräume kommen durchaus in Frage. Problematisch wirkt sich dort allerdings die während der Heizperiode meist zu trockene Luft aus. Diese Bedingungen machen die Tropenbewohner anfällig für verschiedene Schädlinge wie Spinnmilben und Blattläuse. Man sollte sie daher im Winter häufiger kontrollieren und Blätter und Triebspitzen genau unter die Lupe nehmen, um frühzeitig reagieren zu können.

4 Praktische Luftbefeuchter

Das beste Mittel, um Feuchtigkeit liebende Tropenkinder gesund zu erhalten, ist natürlich die Vorbeugung. Sorgen Sie in beheizten Räumen für eine hohe Luftfeuchtigkeit, etwa durch Luftbefeuchter, die man an den Heizkörpern anbringen kann. Auf von unten beheizten Fensterbänken erfüllen jedoch einfache wassergefüllte Schalen, die man zwischen die Pflanzenkübel setzt, den gleichen Zweck.

3

5 Wasabi-Herstellung

Am schärfsten schmeckt das frisch geriebene Rhizom. Reiben Sie nur so viel, wie sie bei der anstehenden Mahlzeit verbrauchen, das Aroma verflüchtigt sich schnell. Man kann Wasabi auch mit Senf strecken oder mit Sojasauce mischen und zum Fisch reichen. Für die längere Lagerung fädelt man die in Scheiben geschnittene Wurzel auf und trocknet sie. Pulverisiert lässt sie sich später wieder aufbereiten.

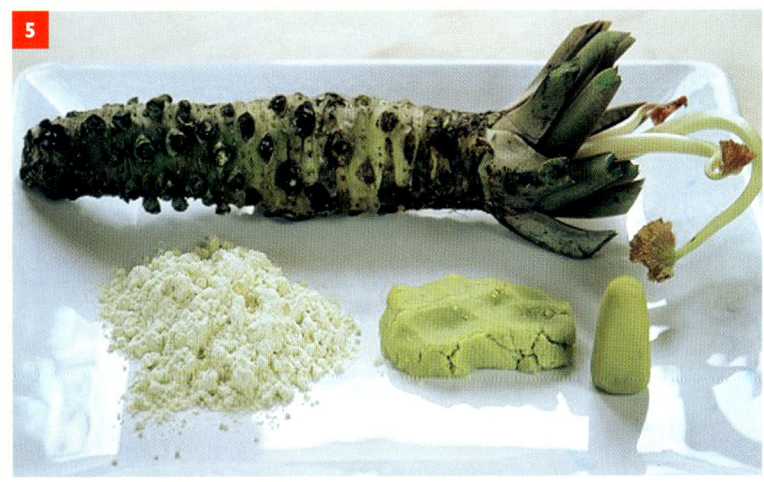

5

Duftpelargonien

► Aus den Blättern
der Duftpelargonie
Pelargonium × *gra-*
veolens gewinnt man
»Rosenöl«.

▲ Die zweifarbigen
Blätter der Schokoladen-
Pelargonie setzen bei
Berührung tatsächlich
Schokoladenaroma frei.

▲ Attraktive ge-
kräuselte und pana-
schierte Blätter
machen die nach
Zitronen duftende
P. crispum 'Variega-
tum' auch zu einer
Blattschmuckpflanze.

▶ Die samtig-weichen
Blätter der Pfefferminz-
Pelargonie *(P. tomentosum)*
laden zum Berühren ein.
Zögern Sie nicht, genießen
Sie den Minzeduft.

Kräuterpraxis

Strukturgeber im Topfgarten

In Töpfe und Kästen setzt man meistens attraktive Blütenpflanzen. Doch auch die ausdauerndsten Blüher machen mal Verschnaufpause. Dann geben Blattschmuckpflanzen dem Topfgarten auf dem Balkon oder der Terrasse Attraktivität und dem grünen Einerlei Struktur. Duftpelargonien mit panaschiertem Laub eignen sich für diese Rolle hervorragend. Sie wachsen buschig und gut verzweigt je nach Sorte 30 bis 80 cm hoch. Buntlaubig sind z. B. *P.* × *graveolens* 'Lady Plymouth', 'Charity', 'Madame Salleron', 'Galway Star' und *P. crispum* 'Variegatum'.

Substrat und Standort

Um sich gut zu entwickeln, brauchen Duftpelargonien einen hellen und sonnigen Platz. Sie lieben viel frische Luft. Im Sommer kann man sie problemlos auch in den Garten auspflanzen, muss sie aber im Winter wieder hereinholen und frostfrei stellen. *P. tomentosum, P.* × *graveolens* und *P. odoratissimum* kommen auch mit halbschattigen Standorten gut klar. Bei zu schattigen Verhältnissen neigen Pelargonien dazu zu vergeilen, das heißt überlange weiche Triebe zu bilden. Die Wurzeln stehen gerne in einem leichten durchlässigen, humosen Substrat, das aber

► Buntlaubige Duftpelargonien bringen als Blattschmuckpflanzen optische Struktur in den Topfgarten.

nicht zu stark aufgedüngt sein sollte. Der Fachhandel bietet teilweise fertig gemixtes Pelargoniensubstrat an. Zum Selbermischen kann man sich an folgender Rezeptur orientieren: ein Teil Lehm, zwei Teile Sand, zwei Teile Kompost. Vergessen Sie nicht, zuunterst eine zwei Zentimeter hohe Drainageschicht aus Tonscherben, Blähton, Kies oder Ähnlichem einzufüllen.

Pflege und Vermehrung

Der Kompost bzw. die Vorratsdüngung im Pflanzsubstrat hält für die ersten acht Wochen ausreichend Nährstoffe vor. Danach kann man bis Ende August 14-täglich etwas Volldünger geben. Topfpelargonien, die ja in der Regel sonnig stehen, sollte man stets reichlich / täglich gießen. Es darf aber niemals Staunässe entstehen! Praktisch sind Pflanzgefäße mit integriertem Bewässerungssystem. Entfernen Sie außerdem laufend angewelkte und beschädigte Blätter sowie verwelkte Blüten, um dem Befall mit Krankheiten vorzubeugen. Pelargonienhybriden benötigen im Frühjahr vor dem Auszug aus dem Winterquartier einen Rückschnitt. Die gekappten Triebspitzen kann man als Kopfstecklinge nehmen.

Schädlinge und Krankheiten

Bei artgerechter Pflege erweisen sich Duftpelargonien als sehr gesund. Erst schlecht belüftete Plätze, Überdüngung, hohe Luftfeuchte oder Staunässe machen sie anfällig. Folgende Krankheiten und Schädlinge treten mitunter auf:

- Weiße Fliege: Die winzigen weiß geflügelten Insekten lassen sich mit Gelbtafeln oder dem Einsatz von Schlupfwespen bekämpfen.
- Blatt- und Wollläuse: Die grünen bzw. watteartig umhüllten Schaderreger kann man im frühen Befallsstadium mit den Fingern abstreifen. Marienkäfer, Florfliegen und Schlupfwespen sind natürliche Gegenspieler.
- Spinnmilben: Sie erkennt man an feinen Gespinsten; Abhilfe schaffen Raubmilben.
- Grauschimmel: Die Pilzkrankheit äußert sich durch einen pelzigen Belag auf absterbenden Blättern; befallene Pflanzenteile entfernen.
- Pelargonienrost: Pilzliche Erreger verursachen Blattflecken. Bei starkem Befall hilft nur das Spritzen mit einem Fungizid.
- Pelargonienwelke: Von der Stängelbasis her breitet sich Fäulnis aus; Ursache Bakterien.

◄ Während der Saison entfernt man laufend angewelkte oder beschädigte Blätter und Blüten. Das beugt Krankheiten vor.

◄ Blattläuse können sich bei trockenheißem Frühsommerwetter explosionsartig vermehren. Florfliegen und Marienkäfer vertilgen große Mengen der Schädlinge.

Expertentipps

1 **Überwinterung hell und kühl**

Die wärmeverwöhnten Südafrikanerinnen müssen vor den ersten Frösten eingeräumt werden. Das ideale Winterquartier ist ein Glashaus oder ein Wintergarten mit Temperaturen von 5 bis 7 °C. Hier erhalten die Pflanzen das nötige Licht und stehen dennoch kühl. Wichtig ist es, den Raum immer wieder zu belüften! Herrscht im Winterquartier Platzmangel, kann man die Pflanzen schon vor dem Einräumen etwas zurückstutzen. Die abgeschnittenen Blätter trocknet man am besten für die Küche. In jedem Fall gilt es, beschädigtes und angewelktes Laub zu entfernen und die Pflanzen mit trockenen Blättern einzuwintern. Während der Wintersaison sollten Sie wenig gießen und die Töpfe fast völlig trocken halten und Ende Februar/

Anfang März einen Rückschnitt der Triebe auf drei bis vier Knoten durchführen. Alle zwei bis drei Jahre kann man bei dieser Gelegenheit umtopfen. Danach stellt man die Pflanzen etwas wärmer, düngt vorsichtig und beginnt langsam wieder mehr zu gießen. Ab Mitte Mai können die Töpfe wieder ins Freie.

2 **Duftrichtungen von Apfel bis Zimt**

Sie können allein mit Pelargonien eine vielseitige Duftorgel zusammenstellen, aus würzig-balsamischen Basistönen, blumigen Herznoten und erfrischend leichten Zitrus-Highlights. So haben Sie immer das nötige Ausgangsmaterial zur Hand für Ihre ganz individuellen Aromatherapien, Potpourris, Wellnessbäder oder für die Küche. Hier ein kleiner Duftleitfaden durch das Sortiment:

3

- Zitronendüfte: *P. crispum, P. crisp.* 'Varie-gatum' und 'Lemon Fancy', *P.* 'Citronella', *P. scabrum* 'Mabel Grey', *P. limoneum.*
- Apfel: *P. odoratissimum, P. fragrans* 'Lillian Pottinger', *P.* 'Apple Cider'.
- Pfefferminze: *P. tomentosum* 'Joy Lucille'.
- Schokolade-Pfefferminze: 'Chocolate Tomentosum', 'Chocolate Peppermint'.
- Würzig-balsamisch: *P. crispum* 'Cinnamon' (Zimt), 'Torento' (Ingwer), *P. fragrans* 'Creamy Nutmeg' (Muskatnuss), *P.* × *clorinda* und *P. vitifolium* (Harz).
- Himbeere: *P.* 'Lady Scarborough'.

3 **Aromatische Pelargoniengetränke**

Es mag für manche gewöhnungsbedürftig klingen, aber Duftpelargonienblätter kann man wie Kräuter in der Küche verwenden, für Obstsalate, Bratäpfel, Konfitüren etc. Die Blätter ergeben einen leckeren Tee. Hervorragend eignen sie sich auch zum Aromatisieren von Getränken. Legt man einige getrocknete Blätter zusammen mit Schwarztee in eine Dose, aromatisieren sie diesen angenehm. Zur Herstellung von Sirup kocht man Pelargonienblätter mit einem Kilogramm Zucker

und dem Saft von drei Zitronen in einem Liter Wasser auf, lässt das Ganze fünf Minuten köcheln, seiht es ab und füllt es in Flaschen.

4 **Insektenrepellent**

So angenehm wir Menschen Pelargoniendüfte empfinden, auf die Tierwelt trifft das nicht unbedingt zu. Das hat angenehme Seiten: Die Pelargoniensorte 'Royal Oak' hält mit ihrem balsamischen Duft nachweislich Stechmücken fern. Auch vielen Zitrusduftern sagt man diese abschreckende Wirkung nach.

4

Die häufigsten Schädlinge und Krankheiten

Schädlinge

Im Vergleich zu anderen Pflanzengruppen sind Kräuter sehr gesund und wenig anfällig. Aufgrund ihres starken, würzigen Aromas schrecken sie viele Schädlinge auf natürliche Weise ab. Hin und wieder treten jedoch auf:

Schnecken

Schnecken lieben junges, saftiges Grün und machen gerne frisch aufgelaufenen Keimlingen den Garaus oder hinterlassen bevorzugt an Basilikum (S. 49), Portulak, Majoran und Bohnenkraut große Fraßlöcher. Ein probates Mittel ist das Absammeln (siehe S. 26). Auch Bierfallen locken Schnecken an; man kann sie darin in großen Mengen entfernen. Kleine »Schutzwälle« aus Sägemehl, Sand, Kalk, Holzasche oder Gesteinsmehl bremsen die Schleimer aus. Nützt das alles nichts, gibt es im Fachhandel Schneckenzäune sowie das haustierschonende Ferramol.

Raupen

Schmetterlingsraupen hinterlassen oft Fraßlöcher an saftigen Blättern, z. B. bei der Kapuzinerkresse. Man kann sie in der Regel gut von Hand absammeln oder man spritzt Wermuttee.

Weiße Fliege

Die winzigen, weißgeflügelten Insekten verursachen Saugschäden an den Blättern. Mit Gelbtafeln (Fachhandel) bekommt man den Befall in den Griff. Außerdem hilft Rainfarntee: Dazu brüht man 300 g frische Rainfarnblätter mit 10 l

Wasser zu einem Tee auf, lässt ihn 15 Minuten ziehen und siebt die Blätter ab. Nach dem Erkalten 1:3 mit Wasser verdünnen und spritzen.

Blattläuse

Blattläuse können grün oder rot sein. Durch ihre Saugtätigkeit verkrümmen und kräuseln sich Blätter und junge Triebe. Läuse befallen gerne Petersilie, Kapuzinerkresse und vor allem Kräuter auf der winterlichen Fensterbank oder im Winterquartier. Bei leichtem Befall streift man sie mit den Fingern ab. Zur Bekämpfung kann man auch Rainfarntee (siehe oben), Wermuttee (S. 85) oder Schmierseifenlösung nehmen. Letztere setzt man mit 20 g reiner Schmierseife

▲ Nacktschnecken machen auch vor frischen Kräutern nicht Halt. Besonders in Schlechtwetterperioden führt ihr Hunger oft zu Kahlfraß in den Anzuchtbeeten.

▲ Weiße Fliegen sitzen bevorzugt an Blattunterseiten, wo sie sich saugend ernähren. Sie »fliegen« jedoch auf Gelbtafeln.

► Blattläuse gehören wohl zu den häufigsten Kräuterschädlingen. Sie befallen bevorzugt geschwächte Pflanzen.

(parfumfrei aus der Drogerie) und einem Liter heißen Wassers an. Nach dem Abkühlen spritzen und Spritzungen mehrfach wiederholen.

Wollläuse / Schmierläuse

Diese Läuse umgeben sich mit einer weichen, watteartig aussehenden Substanz als Schutzwall gegen Feinde. Das macht sie auch widerstandsfähiger gegen Spritzmittel. Versetzt man einen Liter Schmierseifenlösung mit einem Schnapsglas Brennspiritus, hilft das jedoch. Allerdings schädigt das auch viele Nützlinge.

Spinnmilben

Man nennt die winzigen Organismen auch Rote Spinnen. Sie sind mit bloßem Auge kaum erkennbar. Meistens sieht man nur weiße Gespinste in den Blattachseln. Der Schädling tritt hauptsächlich im Zimmer oder Winterquartier bei Basilikum, Ananassalbei und Zitronenverbene auf. Vorbeugend hilft reichliches Lüften. Zur Bekämpfung kann man umweltfreundliche Kaliseifenpräparate aus dem Fachhandel verwenden.

Krankheiten

Unter feuchten, stickigen Umweltbedingungen treten gelegentlich Pilzkrankheiten in der Kräuterkultur auf. Einem Befall beugt man am besten durch einen luftigen Standplatz vor. Außerdem stärken Spritzungen mit Ackerschachtelhalmbrühe die Abwehrkraft der Kräuter.

Herstellung: Geben Sie 1 kg frisches oder 100 g getrocknetes Ackerschachtelhalmkraut in 10 Liter Wasser. Lassen Sie den Ansatz einen Tag ziehen. Dann wird er eine halbe Stunde lang geköchelt und schließlich abgesiebt. Die Brühe 1:5 mit Wasser verdünnen und wiederholt spritzen. Zeigen die Pflanzen dennoch Symptome von Pilzkrankheiten, hilft nur noch ein Entfernen der befallenen Pflanzenteile. Die Spritzung von Fungiziden ist für Küchenkräuter nicht zu empfehlen.

Rost

Rostpilze führen zu orangefarbenen Blattflecken und treten vor allem unter feucht-warmen Bedingungen auf. Am bekanntesten ist der Pfefferminzrost (S. 117), aber auch Schnittlauch wird hin und wieder befallen.

Echter Mehltau

Man erkennt ihn am weißen Belag auf Blättern und Stängeln, die später eintrocknen. Er tritt vor allem bei taureichen, feuchten Nächten und sonnig-trockenem Wetter am Tag auf.

Grauschimmel

Er überzieht Stängel und Laub mit einem unappetitlichen mausgrauen Pelz. Oft tritt er an zu nass gehaltenen Sämlingen auf.

Basilikumwelke (siehe S. 51)

Wollläuse treten mitunter in Winterquartieren mit ungünstigen Licht- und Luftverhältnissen auf.

Die winzigen rötlichen Pünktchen sind Spinnmilben. Oft bemerkt man ihr Auftreten erst durch die feinen Gespinste in den Blattachseln.

Weißer Belag auf den Blattoberseiten ist das charakteristische Symptom für einem Befall mit Echtem Mehltau.

Bezugsquellen

Die meisten der in diesem Buch vorgestellten Kräuter finden Sie in gut sortierten Gartencentern und Gärtnereien. Die unten aufgeführten Spezialbetriebe bieten darüber hinaus ein umfangreiches Sortiment auch an ausgefallenen Sorten und Kräuterspezialitäten. Über ihr Angebot kann man sich im Internet einen informativen Überblick verschaffen. Die Pflanzen werden bundesweit – und gegen entsprechende Transportkosten – auch darüber hinaus versand. Die Liste erhebt keinen Anspruch auf Vollständigkeit.

Kräuterei
Silvia Heinrich
Alexanderstr.29
26121 Oldenburg
Tel.: 04 41 / 88 23 68
www.kraeuterei.de
(Bioland-Gärtnerei, auch Duftpelargonien)

Ruehlemann´s
Kräuter und Duftpflanzen
Auf dem Berg 2
27367 Horstedt
Tel.: 04 28 8 / 92 85 58
www.ruehlemanns.de
(Breites Sortiment mit vielen Spezialitäten und Raritäten)

herb´s
Herbert Vinken
Stedinger Weg 16
27801 Nuttel
Tel.: 04 43 2 / 94 00 3
www.herb-s.de
(Bioland-Gärtnerei, u. a. viele Basilikum-, Minze- und Salbei-Sorten)

Magic Garden Seeds
Moritzstr. 1
34127 Kassel
www.magic-garden-seeds.de
(Demeter-Saatgut, Heil- und Zauberpflanzen sowie ethnobotanische Raritäten)

Kräuterey Lützel
Im stillen Winkel 5
57271 Hilchenbach-Lützel
Tel.: 02 73 3 / 38 46
www.kraeuterey.de
(Bioland-Gärtnerei)

Otzberg-Kräuter
Gewürz- und Duftpflanzen
Erich-Ollenhauer-Str. 87b
65187 Wiesbaden
Tel.: 06 11 / 81 20 54 5
www.otzberg-kraeuter.de

Blauetikett-Bornträger GmbH
Postfach 30
67591 Offstein
Tel.: 06 24 3 / 90 53 26
www.blauetikett.de

R. Wiedemann
Heilpflanzenanbau
Ditzenbacher Str. 22
73312 Geislingen-Aufhausen
(viele Duftpelargonien, Minze- und Salbeisorten)

Stegmeier Gartenbau
Unteres Dorf 7
73457 Essingen
Tel.: 07 36 5 / 23 0
www.gaertnerei-stegmeier.de
(Spezialist für Perlagonien, großes Duftpelargonien-Sortiment)

Reinhold Krämer
Waldstetter Gasse 4
73525 Schwäbisch-Gmünd
Tel.: 07 17 1 / 92 87 12
www.zwiebelgarten.de
(Saatgut von Kräuter- und Duftpflanzen-Spezialitäten)

Kräutergärtnerei Syringa
Bernd Dittrich
Postfach 1147
78245 Hilzingen
Tel.: 07 73 9 / 14 52
www.syringa-samen.de

Wolfhart Lau
Hof Berg-Garten
Lindenweg 17
79737 Großherrischwand
Tel.: 07 76 4 / 23 9
www.hof-berggarten.de
(Heil- und Wildkräuter)

Blumenschule
Rainer Engler & Sabine Friesch
Augsburger Str. 62
86956 Schongau
Tel.: 08 86 1 / 73 73
www.blumenschule.de
(Naturlandbetrieb)

Dieter Gaissmayer
Staudengärtnerei
Jungviehweide 3
89257 Illertissen
Tel.: 07 30 3 / 72 58
www.staudengaissmayer.de
(Biolandbetrieb, u. a. großes Minze-Sortiment)

Raritätengärtnerei Treml
Eckerstr. 32
93471 Arnbruck
Tel.: 09 94 5 / 90 51 00
www.pflanzentreml.de

Österreich

Gartenbau H + H Wagner
Gutendorf 36
A 8353 Kapfenstein
Tel. + 43 / 31 57 / 23 95
www.gartenbauwagner.at

Schweiz

Gärtnerei Silberdistel
Ch. und U. Fotsch-Eicher
Kräuter- und Heilpflanzenkulturen
CH 3855 Brienz am See
Tel.: + 41 / 95 13 53 0

Stichwortverzeichnis

Bildnachweis

Borstell: 2/3, 6, 8, 10, 11, 13, 15o, 15u, 16, 17, 18, 33, 34u, 44/45, 52/53, 54ul, 55o, 55ul, 61o, 62/63, 65o, 66, 68ur, 69ul, 70/71, 72/73, 76ul, 78/79, 83o, 89ul, 91u, 94u, 94o, 100mr, 101o, 102ur, 107u, 108/109, 110ur, 111ol, 111or, 119or, 123u, 130/131, 134, 136
Caste A./Stockfood: 75u
Diez: 9, 12, 14, 25o, 59u, 76ur, 77o, 88, 95u, 105or
Eisenreich: 61u
F. Strauß/Stockfood: 137o
Gärtnerei Gaissmayer: 113u
Henseler: 41u
Klock P.: 125u
Krieg R./Stockfood: 69or
Laux: 28u, 34o, 37o, 37u, 43om, 60ul, 64ul, 64ur, 65ur, 73ol, 73or, 90u, 100ol, 103o, 104o, 104ur, 106ul, 112o, 113ol, 113or
Mewes, K./Stockfood: 129u
N. Stocken Tomkins/The Garden Collection: 19
Pforr: 24, 28o, 36u, 43ol, 42or, 54ur, 57o, 58, 85o, 89ur, 93ol, 93or, 99u, 107om, 122ul, 125o, 129o, 133or, 135u, 138ol, 138ul, 138ur, 139o, 139m, 139u
Redeleit: 9, 23o, 23mr, 25u, 29m, 29u, 38ul, 38um, 38ur, 39, 51ol, 85u, 103ur, 107ol
Reinhard: 20, 23u, 26o, 27ol, 27om, 27or, 30, 31o, 31u, 35ur, 36or, 40o, 42u, 43u, 46ul, 47ul, 47ur, 50, 48, 56ul, 56or, 57u, 59o, 60ur, 68ul, 72ul, 73ur, 75o, 77u, 80ul, 81ol, 81or, 91or, 92u, 93u, 95ol, 98l, 98ur, 99or, 101ur, 102ul, 103ul, 105ol, 111u, 114, 115u, 117o, 118, 119ol, 122o, 122ur, 123ol, 123or, 124ul, 124ur, 127u, 132ur, 132ul, 133or
Ruckszio: 49ol, 49u, 91ol, 116
Rynio/Stockfood: 128ur
Seidl: 26u, 35ul, 55ur, 65ul, 80ur, 84u, 84o, 86/87, 89ol, 89or, 90o, 95or, 99ol, 100ul, 101ul, 110ul, 137u
Shaffer Smith Photography/Stockfood: 119u
Strauß: 1, 21, 35o, 36ol, 41ol, 41om, 47o, 67ol, 67ur, 69ol, 74ur, 81u, 96/97, 112u, 115o, 124or, 126u, 127ol, 127or, 128mu, 135ol

Strauß F./Stockfood: 120/121
Vinken: 22, 51or, 51u, 74ul, 82, 83u, 117ul, 133ol
Zeininger: 106ur

Umschlagfotos: Vorderseite: Garden Collection, Torie Chugg
Rückseite: Ursel Borstell

Bibliografische Information Der Deutschen Bibliothek

Die Deutsche Bibliothek verzeichnet diese Publikation in der Deutschen Nationalbibliografie; detaillierte bibliografische Daten sind im Internet über http://dnb.ddb.de abrufbar.

BLV Buchverlag GmbH & Co. KG
80797 München

© 2008 BLV Buchverlag GmbH & Co. KG, München

Umschlaggestaltung: Anja Masuch, Fürstenfeldbruck
Layoutkonzept: fuchs_design, München

Lektorat: Dr. Thomas Hagen
Herstellung: Hermann Maxant

Layout: Anton Walter, Gundelfingen
DTP: agentur walter, Gundelfingen

Printed in Germany · ISBN 978-3-8354-0277-5

Eine kleine Auswahl aus unserem Programm

Gerda Tornieporth
Hildegard von Bingen. Das Gartenbuch
Grundlagen der Hildegard-Medizin,
Porträts der 44 wichtigsten Hildegard-
Heilkräuter, Anbau im Garten, Ver-
wendung als Hausmittel, Anlage eines
eigenen Hildegard-Gartens.
ISBN 978-3-8354-0276-8

Dorothea und Peter Baumjohann
Der BLV Pflanzen-Doktor
Speziell auf die jeweils erkrankte Pflanzenart im Gemüse-, Obst- und Ziergarten abgestimmt: die häufigsten Krankheiten und Schädlinge erkennen und
bekämpfen mit biologischen, chemi-
schen und physikalischen Maßnahmen.
ISBN 978-3-8354-0351-2

Marie-Luise Kreuter
Der Biogarten
Das unentbehrlicheStandardwerk zum
naturgemäßen Gärtnern; einzigartiges
Know-how von Deutschlands bekanntes-
ter Biogärtnerin; top-aktuell: das im
Handel erhältliche Pflanzensortiment;
mit Beilage »Pflanzenschutz-Kompass«.
ISBN 978-3-8354-0198-3

Herbert Vinken
Basilikum – der Geschmack des Südens
Für Kräutergärtner und Hobbyköche: die
30 wichtigsten Duft- und Würzsorten:
Anbau, Ernte und Verwendung; Rezepte –
von Basilikum-Käsetarte über das klassi-
sche Pesto bis zum Basilikum-Eisparfait.
ISBN 978-3-8354-0281-2

Olaf Schulz
Deutschlands schönste Klostergärten
Die 35 beliebtesten Anlagen in ganz
Deutschland – erstmals komplett in einem
Bildband; die schönsten Klostergarten-
pflanzen, Praxistipps der Klostergärtner.
ISBN 978-3-8354-0226-3

Thomas Hagen/Ursel Borstell
Welche Pflanze passt wohin?
Praxisgerecht und übersichtlich präsen-
tiert – die besten Pflanzen für verschiedene Verwendungszwecke: Frühjahrs-
oder Herbstblüher, Pflanzen für den
Bauern- oder formalen Garten, für Standorte unter Gehölzen oder am Wasser
usw.; mit Pflegetipps.
ISBN 978-3-8354-0332-1